「今、ここ」から考える社会学

好井裕明 Yoshii Hiroaki

★──ちくまプリマー新書
270

目次 * Contents

イラスト　信濃八太郎

はじめに

社会学とはいったいどのような営みなのでしょうか。

法学は法律を扱い、経済学は経済を扱い、心理学は心理を扱います。では社会学は社会を扱う学問ということになります。社会学が社会を考える知的実践であることに間違いはないのですが、これだけでは、まだよくイメージができません。

社会学者が百人いれば、百通りの社会学がある。私が大学院生だった頃、よくこう言われていました。この言葉は、社会学が体系性のない学問であり、恣意的でバラバラな営みだということを示すのではありません。そうではなく、社会学という知的実践がもつ豊饒(ほうじょう)さを象徴的に語り、社会をめぐる了解や探求すべき現実や現象の多様性を指しています。そして、この言葉は、今も意味を失ってはいません。

たとえば、私の四年ゼミ生の卒業論文のテーマをあげてみます。

自分自身が左ききであり、これまで生きてきた歴史から「左ききの人が経験し実感する生きづらさ」について考察する「左ききの社会学」。

近年、恒例となっている大規模なロックフェスティバル。現代日本のポピュラーカルチャーとして定着しているイベントがなぜ、どのように多くの人を惹きつけるのか、その魅力を多角的に分析しようとする「ロックフェスティバルの社会学」。

人々は「容姿」についてどのような意識をもっているのか、化粧品産業や美容整形の実態などを調べ「美しいものが評価されがちな現代をどう生き抜くか」を考える「容姿の社会学」。

ベトナム戦争など一九六〇年から七〇年代のアメリカの歴史との関連で「アメリカンニューシネマ」という新たなジャンルの映画を詳細に読み解き、若者文化の誕生と変遷を考える「アメリカンニューシネマの社会学」。

女子高出身のあるゼミ生は、相手を一目見た瞬間に、その人が女子高出身か否かがわかると言います。自らの母校だけでなく数多くの女子高の理念を調べ、教員や生徒への聞き取りを重ねることで女子高特有の文化や生活世界を明らかにし、「女子高出身」を判別できるという「謎」を解こうとする「女子高の社会学」、等々。

ほかにも婚姻との関係を考える恋愛論、ペットブームの社会学、インディーズバンドが活躍する音楽世界の研究、原宿という独特な「場所」を考える社会学など、まさに「多様な」テーマでゼミ生は卒業論文に取り組んでいます。

私のゼミでは、私の専門テーマに影響されることなく、自分が本当に調べたいと思うテーマを考えるようにと何度も言います。なぜなら大学院に進学し社会学を専門研究するというなら話は別ですが、学部を卒業し社会へ出ていく多くの学生にとって、卒業論文は、いわば「この時期にしか創造できない作品」であり「大学四年間で社会学を学んだ成果であり証（あかし）」だからです。とすればやりたいテーマで好きに調べ、好きにまとめる営みこそ、大切だと思っています。

「調べたいことはこれこれですが、これで社会学の論文になるでしょうか」必ずゼミ生から出てくる問いです。「はい、大丈夫ですよ。十分、社会学として成立しますよ」と私は返事をしています。

さてこうした多様なテーマや関心のなかで、一貫していることがあります。

現代を考えるにせよ過去の歴史を調べるにせよ、場所や地域が異なるにせよ、人生のどの段階の出来事を考えるにせよ、常にそこには「他者との出会い」があり「他者と共に在る私の姿」があるのです。つまり「他者の存在」こそ、社会学にとって基本的な事実であり、社会学的問いが回避し得ない「謎」と言えます。

こう考え、ひとまず「社会学とは他者の学である。社会学とは他者を考え、そこから私という存在を考え直す学である」と言っておきます。

では、どのように他者を考え、私という存在を考え、社会を考えていったらいいのでしょうか。この問いへの答えを考える営みこそ、まさにこの新書をこれから読もうとしているあなた自身の課題なのです。

さて、私が面白いと考える社会学の基本について語っていくことにしましょう。

第1章　社会を考える6つの視点

▽私の「社会学史」講義から

社会学科の学生さんに「なぜ社会学を学びたいと思ったの」と尋ねると「マスコミの世界で活躍したいから」という返事が少なからず返ってきます。もちろんマスコミで活躍するためには社会学的な知は必須ですし、彼らが希望をかなえるために社会学を学ぶことはそのとおりなのですが、他方で、社会学に抱かれている世間的なイメージの狭さや偏りがやはり気になるのです。

確かに最近、マスコミで現代社会を批評し、テレビでわかりやすくニュース解説をすることが社会学だと考えている人が目立っているようにも思えますが、そうした仕事だけが社会学の営みではないのです。

いま私は大学で専門講義として差別や排除の問題を教えるとともに、社会学の歴史もお話ししています。日本大学文理学部社会学科では二年生の必修科目として「社会学史」があります。日本中に社会学や現代社会学と銘打っている学部や学科は多くあるのですが、社会学の歴史をきちんと学生に教えようとしているところはほとんどなくなってしまっているのではないでしょうか。私は以前から社会学の歴史はきちんと教えるべきだと考えており、これは憂慮すべき事態だと思っています。ヨーロッパで宗教改革が起こり、産業革命を経て、近代社会というステージが始まるあたりから現在まで、社会学は独自の学問としての歴史が続いてきており、重厚で知的な蓄積があるのです。

さて私たちが暮らす日常を社会学を通して見つめ直す旅を始める前に、少しだけ私の講義へご招待したいと思います。

講義では、それぞれの社会学の巨人たちがどのようなことを考えたのかを話しています。彼らがつくりあげた理論や概念の正確な理解も確かに重要なのですが、それよりも、社会学という知的営みが社会をどのように考え、それを読み解くためにどのような道具や見方を提供してきたのかを、受講する学生にできるだけわかりやすく伝えたいと思っているのです。かつての社会学者が生きていた時代状況は、現代とは確実に異なります。インターネットもないし、スマートフォンもなかったのです。皆さんには、そんな世界があったことなど想像もつかないかもしれません。でも当時、時代の先端を生き、激変する社会をどのように捉え、社会の中で生きる人間をなんとか理解しようとした姿は、いまの社会学研究者が現代の諸問題と向きあおうとしている姿と通底する何かがあるのではないでしょうか。

だからこそ、彼らが構想し呈示してくれた社会の見方が、いまもなお意味ある社会学的知として生きているのです。この章では、何人かの社会学の巨人をとりあげながら、そうした見方のエッセンスを順次お話ししていきたいと思います。

▽「行為」：社会を見る基本的な視点

まずは何と言ってもマックス・ウェーバー（Max Weber、一八六四〜一九二〇）から語らざるをえないでしょう。『プロテスタンティズムの倫理と資本主義の精神』『支配の社会学』『社会学の根本概念』『職業としての政治』『理解社会学のカテゴリー』など、社会学をきちんと勉強したいと思う人にとって、必読の文献が山ほどあり、社会学という学問の基礎を作り上げた巨人の一人なのです。私も大学院生の頃に日本語訳だけでなくドイツ語の原典を辞書片手に読み、苦闘していた記憶が蘇(よみがえ)ります。

膨大かつ深遠なウェーバー社会学の全体をここで語ることなどできないのですが、それを理解するための鍵となる言葉が「呪術からの解放」と「合理化」です。呪術とは何でしょうか。かつて近代以前の社会、たとえば中国の古代王朝では、亀の甲羅を火にあぶり、できた裂け目のありようを見て占う人々がいました。その占いは政治や他民族との闘いの行方に大きな影響を与えていたのです。しかし占い自体は、なぜそう判断できるのかなど占いに携わる人しか理解できない、その意味で神秘的で非合理的で超越的な営みといえるのです。ただ当時は政治的権力者や市井の人々もこうした営みを丸ごと信奉し、自分たちの運命を左右する重要な方向付けだと了解していました。

そして社会のステージが近代へ移行する過程で、人々は呪術的な支配から解放され、社会のさまざまな相で「合理化」が進んでいきます。たとえばウェーバーは合理的な統治システムの代表例として官僚制を分析しています。官僚制は今もなお効率的なシステムとして、統治体制や企業組織を維持するのに活用されているのです。

「呪術からの解放」や「合理化」を考えることで、ウェーバーは何を言いたかったのでしょうか。それは、産業革命などで工業化、産業化が急速に進み、人々の日常に大きな変化が生じるなかで、他者と共に生きる主体としての人間が、どのように理にかなった存在になり、理にかなった営みをすべきなのかをめぐる主張であり、近代社会を生きざるを得ない人間が否応なく直面してしまう問題の指摘なのです。

さて「合理化」も重要なのですが、ここで社会学が社会をみる基本的な視点として「行為」をあげておきたいと思います。ウェーバーは、社会学は行為の科学だと述べています。行為とは何でしょうか。それは心理学や行動科学でいう刺激から反応へという条件反射のような行動ではありません。行為には常に「主観的に思念された意味」が含まれていま

マックス・ウェーバー

す。つまり、私たちは自らのふるまいに対して常になんらかの意味をこめているし、周囲の他者はその意味を了解したうえで、さらなる行為を重ねていくのです。こうしたふるまいをウェーバーは「社会的行為」と呼び、さらに「伝統的行為」「目

的合理的行為」「価値合理的行為」「感情的行為」という四つの類型に分類しています。

たとえば最近スマートフォンは圧倒的多数の人々にとって必需の道具となっています。新しい機種が発売されるたびに、誰よりも早く買いたいと思う人が長蛇の列をなして発売日を待ち、発売開始時間に、あたかも勝ち誇ったかのように拳を突き上げ店に入る客とそれを拍手で迎える店員たちの映像が、よくテレビで流されます。

私はこうした映像を見ながら、一体あの人たちは何のために新しい機種を買うのだろうかといつも思ってしまいます。今使っている機種に重大な問題があり不都合さを感じていて、その問題を解決し不都合さを解消するという明確な目的のために、我先に新機種を購入するのでしょうか。それとも、今使っている機種に特に問題はないが、新しい機種が出ることを知った瞬間、それを買いたいという欲求に耐えきれず、とにかく買うことそれ自体に価値を見出し、我先に新機種を購入するのでしょうか。

ウェーバーの類型でいえば、前者は「目的合理的行為」であり、後者は「価値合理的行為」と言えるでしょう。ただ実際の行為は、どちらの側面もあるし、他にもさまざまな意味が含まれているでしょう。つまり類型とは、行為を読み解くためにわかりやすく単純化した例であり、実際の行為を読み解くための指針になるのです。

また講義で私はよく『屋根の上のバイオリン弾き』というミュージカルの名曲「トラディション（tradition）」を例に出し、「伝統的行為」を説明しています。四人の娘の婿選びを中心に展開する物語なのですが、娘が本当に愛している相手と結ばれるのが幸せだと気づいていく主人公の父親の変貌ぶりが面白いのです。冒頭歌われる「トラディション」は、村で生きていくうえで、伝統やしきたりを守ることこそ大切だとし、理屈抜きで伝統や因習に従う主人公の最初の姿を象徴しています。「伝統的行為」に理屈はありません。ただ伝統を守りしきたりに従うその行為にこそ意味があるのです。

ぜひ一度見てほしい名作です。（ノーマン・ジェイソン監督、1971 年）

残る「感情的行為」は、ウェーバーにとって行為類型の残余という印象をうけます。ただ現在では、客への対応などで、いかにして理にかなうように〝社会的に〟感情をコントロールできるのかという問題が仕事の現場でどのように考えられ、どのように処理されているのかが、社会学にとって重要なテーマとなっています。現代の社会学では「感情労働」「感情の社会学」という考え方が定着しています。この類型は、決して非合理的な残余なのではなく、行為を考えるうえでとても重要な指針といえます。

ウェーバーにとって行為を分析するうえでの中心は何だったのでしょうか。それはまさに行為に内在する論理であり、行為に意味を与える理屈だったのです。そしてその理屈は行為する人間の中だけで完結するのではありません。そうではなく、他者や社会と繋(つな)がって初めて意味を持つのです。その意味でウェーバーは行為の社会性に注目していたと言えるでしょう。

▽「関係性」：人と人の間にあるものとは

ゲオルグ・ジンメル（Georg Simmel、一八五八〜一九一八）。行為の社会性に注目したウェーバーとは対照的に、ジンメルは相互行為に焦点をあてます。世の中には政治や経済、家族などさまざまに異なる内容の領域が存在していますが、それらが社会として機能していくためには、固有の「社会化の形式」というものが存在します。その形式を探求する営みが社会学だとジンメルは考えています。彼は社会学史では「形式社会学」を構想した巨人と位置づけられています。

ただ「形式」と言われても、ピンと来ないと思います。言い方を変えれば、社会は相互行為のなかで、相互行為をとおしてできあがるのです。それは個人間の関係性や相互行為のありよう、つまり人と人の間にある微視的なさまざまな関係性をダイナミックに捉え、そのなかに社会を見出していく社会学の方法なのです。

たとえば、二人の人間から成る相互行為と三人以上の相互行為とでは、どのように異なるのでしょうか。上位と下位という人間相互の関係性、闘争、孤独、秘密といった状態はどのような関係性のことなのでしょうか。ジンメルはさまざまに人と人の間に構成される「形式」をめぐる思索を重ねていきます。支配という現象を考えてみても、権力は、それを持つ人間によって一方向的に行使されるのではなく、常に権力に服従する人々の自発性や協力性による相互行為の過程だと考えるのです。つまり、支配は支配する側だけでなく、支配される人々が何を感じどのように考えて行動しているのかを同時に見なければ、その現象の本質は見えません。

このように微視的な相互行為のありようを詳細に読み解くことから社会がみえてくるとジンメルは考えました。私たちの日常を超越したところで社会が構成されるとともに、社会は、まさに普段私たちが他者と共に生きて在る「細部」に宿っているのです。現代社会学の微視的な社会理論や質的研究にとって基本となるこうした社会の捉え方は、いまではよく知られたものになりました。それは、人と人の間にある「形式」「関係性」を読み解く営みこそ社会学的であるというジンメルの考え方に強い影響を受けてきたといえます。

ところでジンメルを読むと、私は〝醒めた〟〝どこかしら斜に構えた〟印象を受けます。ウェーバーや後述するデュルケームは、近代社会の「合理化」の様相を語り、社会を維持するうえでいかに秩序や道徳が大切かをいわば直球勝負で語るのですが、その〝熱さ〟に比べ、変化球やスローカーブでいつの間にか三振をとられてしまう驚きというか、どこか人を食ったような冷徹なまなざしを感じてしまいます。でもこれはジンメルを読む人にとって楽しい驚きではないでしょうか。

人と人の間にある〝何か〟を、相互行為を詳細に検討することから明らかにするとして、それは他者を完璧に理解できる、あるいは理解したいという強い思いが背後にあるからでしょうか。確かに他者理解への思いはあるのですが、それと同時に、完璧な他者理解などできはしないし、はたして完璧な他者理解を希求し続けるとして、それは私たちが日常生きていくうえで、いつでもどこでも必要なことで、幸せなことなのでしょうか。それよりも人と人との間にある〝距離〟のようなものを、きちんと認識したうえで、〝距離〟とつきあっていける人間同士の関係性を静かに穏やかに、しかし冷徹なまなざしを持って、見抜いていく営みのほうが、より社会学的ではないでしょうか。私個人の勝手な印象なのかもしれないのですが、このようにジンメルが語りかけてくるように思えるのです。

ゲオルグ・ジンメル

ジンメルは、社会が高度に分化していき、貨幣というメディアが日常を支配していくにつれ、人間疎外は避けがたいものであり、常態化していくことを論じています。簡単に言えば、私たち人間の価値や生きる目的がすべてお金に換算され、〝換算できない〟価値や目的が何かを見失ってしまい、個人や相互行為のなかから〝人間性〟がかき消されてしまうというのです。

疎外とは、端的に言えば、私という人間が人でなくなることであり、他者を人としてみなさずに、道具か何かを扱うような他者との関係に落ち込んでしまうことです。ジンメルは、こうした疎外は、個人の心理、人間関係、社会集団、生活様式、文化など私たちが生きる世界のあらゆるところで多次元的に生起すると述べています。

片時もスマートフォンを手放さず、一心に指を滑らせ、周囲の人々が何をしているのかなど一切気にすることなく、前から歩いてくる人と肩がぶつかるぎりぎりのところでよけて通り過ぎていく人々の姿が、いま私たちの日常の光景となっています。ジンメルがタイムワープしてやってきたら、どう感じるでしょうか。私は、おそらくは小躍りして喜んだのではないだろうかと思います。スマートフォンに飼い慣らされた私たちは、疎外の典型的な姿だからです。こうした姿をみて、ジンメルは生活全域に滲みわたっていく疎外のありようをさらに読み解ける面白さを感じるだろうし、滲みわたる疎外のなかで、人間がどのようにそれとつきあい、新たな「社会化の形式」をどのように創造するか、その可能性を考察することでしょう。

人間は、常に〝人間性、人間らしさ〟を奪われるリスクに直面して生きざるを得ないことを前提に、リスクを考え、リスクとむきあうために重要な視点、考えるための拠りどころをジンメルは語ってくれていると思います。それは人と人との間にある〝距離〟であり、〝距離〟がもつ意味を〝腑に落とす〟ことで読み解くことがより面白くなる「関係性」という社会の見方なのです。

▽「構造」：社会の秩序や道徳を考えるために

エミール・デュルケーム（Émile Durkheim、一八五八〜一九一七）。デュルケームも『社会分業論』『社会学的方法の規準』『自殺論』『宗教生活の原初形態』など多くの著書を書いた社会学の巨人の一人です。私もウェーバーやジンメルと同様、社会学という学問を学ぶために、彼の著作を大学院生時代に懸命に読みました。

デュルケーム社会学の核心は「社会的事実をモノのようにして考え、扱え」という方法的な主張です。これはどのように理解すればいいのでしょうか。確かに社会的だといえる多様な事象は、ウェーバーやジンメルが指摘するように私たちの行為や意識、関係性のなかで起こるし、意味あるものとなっています。しかしそれらは行為や関係性の次元に還元することですべて説明できてしまうのでしょうか。デュルケームはそう考えなかったのです。

社会とは、私たちの主観的な意味世界でつくりあげられるとともに、その世界を超越し、いわば外から私たちを規制し秩序だてる現実でもあります。こうした社会がもつ外在性のことを「構造」と呼ぶとすれば、デュルケームは、「構造」という視点から社会を考えることこそが社会学の基本だと主張していると言えるでしょう。

「構造」という視点から社会を考えるとは、どのようなことをいうのでしょうか。デュルケームの有名な著作『自殺論』を紹介しながら、説明してみます。

人が自殺したとして、私たちは、まずその動機を考えます。なぜあの人は自らの命を絶ったのだろうかと。動機を考える背後には、自殺は当人の心理や精神状態に原因があるという見方があります。もちろんこうした見方は間違いではないのですが、デュルケームは、まったく異なった見方で自殺という社会的事実を考えるのです。

自殺が起こるとしたら、いったいどのような社会の状況が関連しているのだろうかと。個人の心理や精神状態へ入り込むのではなく、自殺をめぐる地域統計や歴史的な統計資料をもとにして、社会状態と自殺との関連を考えるのです。

デュルケームが示した自殺の定義はユニークです。人がある行為をすれば自分が死んでしまうことを十分予想できており、実際その行為の結果、その人が死にいたることを自殺と定義します。この定義には、「死にたい」という個人の意志や心理は含まれていません。そのためこの定義によって、私たちが常識的に考える自殺のイメージだけでなく、社会における自殺という事実をより広く捉えることができるのです。

エミール・デュルケーム

たとえばご存じのとおり太平洋戦争末期、日本軍は特攻という戦法を進めました。特攻とは、片道分の燃料だけで、爆弾を積んだ戦闘機を操縦し、敵の戦艦や空母に体当たりするのです。特攻は、兵隊を無事帰還させるという発想が皆無の必死の戦法であり、実際多くの若い命が失われました。特攻の死は、デュルケームの定義から言えば、まさに自殺です。特攻となった若者たちがどのように感じ考えていたのかは、多様でしょう。しかし彼らの気持ちや意志、心の状態に関係なく、特攻という行為は、本人に死をもたらすものであり、自殺なのです。

では自殺と社会との関係性はどうなっているのでしょうか。デュルケームはいくつかに分けて自殺のタイプを述べています。ここでは専門的な概念を示さず、概要だけを述べておきます。まずは「常軌を逸した個人主義」です。自分の外に在る社会と繋がろうとせず、社会から距離をとり、極端に自分中心になればなるほど、人は社会から遊離し、その結果自殺しやすくなると考えました。

また逆に外に在る社会が人間に対して、社会だけを考え、社会のために生きよ、社会と一体化せよと強力に迫るときも、人は自殺しやすくなります。これは、特攻が行われた当時の日本、軍国主義的天皇制社会であった日本の社会状況が、まさにあてはまります。「お国のために」「天皇陛下のために」という戦争映画などでよく聞くフレーズは、社会が個人に自殺を強要する象徴的な言葉と言えるでしょう。

三つ目に、人々の欲望が統制されずに、無規制な状態になるとき、人は自殺しやすくなります。外に在る社会からの道徳的規制が緩んでしまうと、個人の欲望が際限なく拡大するのです。歯止めのきかない欲望の増大は、人々から精神的な安定を奪ってしまい、生きることへの不安も拡大していきます。

いわば、個人がまわりのことを考えず自己中心的になりすぎても、社会が強力に個人を押さえつけすぎても、社会の道徳的規制が緩みすぎても、自殺という事実は起こりやすくなります。デュルケームはいったい何を主張したかったのでしょうか。

それは、自殺の起こりにくい個人と社会の関係であり、適切に秩序があり人間が道徳的存在として生きられる社会の要請でした。デュルケームにとって「構造」という視点から秩序や道徳を考えることは社会学の基本テーマだったのです。

翻っていうと、社会を「構造」という視点からみる見方もまた社会学にとって基本であることを知ってください。

▽「自己」：社会に生き、自分を生きるために

ジョージ・ハーバート・ミード（George Herbert Mead、一八六三〜一九三一）。ミードはアメリカのシカゴ大学で哲学と社会心理学を教えていました。当時のシカゴには、ヨーロッパから大量の人々が移り住み、仕事を求めて労働者たちも集まっていました。多様な人種や民族が集住し、シカゴという都市で懸命に生きていたのです。

「人種の坩堝（るつぼ）」という言葉があります。「るつぼ」とは何でしょうか。社会学史の講義で学生に聞いても、最近は知らない人がかなり多くなっています。「るつぼ」とは化学実験などでいろいろな物質を溶かすのに使う白い陶器のことです。私たちの世代では、小学校や中学校であたりまえのように使っていた道具でした。多様な人種や民族を溶かしてしまう器、それはミードが生きたシカゴそのものの姿でした。都市社会学の原点であるシカゴを語る時、この言葉は象徴的に使われます。

語る言葉も生活習慣も文化も異なる人々が同じ街で暮らすとして、そこには当然のようにさまざまな社会問題が発生します。こうした問題をどのように考え、どのように解決すればいいでしょうか。実践的な問題関心のもと、シカゴ大学に初めて社会学部がで

きたのです。そして個別の問題について、具体的に調査し、質的にせよ量的にせよ経験的なデータを収集し、分析するという社会学という知的実践の基本が、シカゴ大学で創造されていきます。

ミードも、社会学の創造に大きな貢献をしたのですが、ここで私が伝えておきたい彼のテーマは「社会的自己」論です。さまざまな「ちがい」をもつ人々があふれかえり、さまざまな問題も沸騰している日常を生きるなかで、数え切れないくらいの刺激を受けながら、人間はどのようにして「社会的な存在」となるのでしょうか。ミードはこの問いに対して、他者の態度を内面化することによる社会化と「I」と「me」のダイナミクスによる自己の形成という答えを出しました。

ジョージ・ハーバート・ミード

「I」とは、主我とも訳されていますが、私という人間がもつ創発的で創造的な営みの源とでもいえる側面です。他方「me」は、客我とも訳されますが、私という人間が他者の態度を引き受け、状況に適切なようにふるまうためにもつ規範的な部分です。そしてミードは、「I」と「me」が絶えずダイナミックに交流することで初めて、私という人間が「社会的自己」として無数の他者に対して立ち現われることができると語っています。

少し考えればわかるのですが、生まれてから死ぬまで、どの人間にも共通し避けられない端的な事実があります。それは「他者と出会うこと」です。母親や父親のような最も親密な他者との出会いから始まり、学校での友人や部活仲間、同じ職場で働く仕事仲間、コンサートやイベントで共に盛り上がる人々、街ですれ違う人々、老いて自らの介護をしてくれる人、そして自分が生きている間で一度も出会うことがない圧倒的多数の他者の存在など、まさに私という人間は、多様な他者とさまざまなグラデーションがある出会いを繰り返しながら成長し、社会化し、老いていくのです。

圧倒的な量と質がある「他者との出会い」を私が生きていくとき、他者の態度を引き受け、期待される役割をその場で判断し、適切に役割を演じ、上手に他者との関係性を維持していくことは、とても重要だと思います。たとえばこうした「出会い」をうまく乗り切るためのマニュアル本がこんなに売れていますと私たちに訴えかける通勤通学電車で見かける広告が、そのことを象徴しているでしょう。

ミードの「自己」論で、私がとても興味深く思うのは、「I」という「自己」がもつ側面です。ミードの説明を読んでいても、「me」に比べ、「I」は、はっきりこうだと理解しづらいことは確かです。しかし、社会を生き、自分を生きていくために、私たち人間はつねに新しい何かを生み出す可能性を秘めています。「社会性」を守ること以上に、私たちが「自己」をつくりあげ、「自己」を生きるうえで、新しい何かを創造するその力が大切だと唱えるミードの考えは、確実に伝わってきます。

「自己」は「社会性」を盛るためだけの器ではありません。それは「社会性」をどのように受容するか、その検討ができる力をもった人間存在の重要な側面なのです。またそれは「社会性」がもつさまざまな問題や歪み（ゆが）をいったん受容し、そのうえでより気持ちよい「社会性」を実現するために、その中身を修正し変革し、あらたな形として、他者へと示していける力をもった「生きていくプロセス」にもなり得るのです。

「自己」の創発性や創造性という主張はまた、私たちが社会や日常を批判する力を持っていることを考えるうえで、導きの糸であり、魅力的なものです。

▽「日常生活世界」：「あたりまえ」を読み解く

アルフレート・シュッツ（Alfred Schütz、一八九九～一九五九）。オーストリア生まれのシュッツは、第二次大戦当時、多くの知識人と同様、ナチスの迫害を逃れるために、アメリカへ亡命しました。異邦人としてアメリカで暮らすなか、彼独特の社会理論が生みだされてきました。

私はシュッツの著作を初めて読んだ時の衝撃とわくわくした感じを今も覚えています。もともと私は日常性や常識的なるものに漠然と関心があったのですが、それまで読んできた社会学者の議論では、日常性や常識は、社会に起こる諸現象や諸問題を社会学的に考えるための前提としてのみ、扱われていました。議論を読み、私は何か満たされない思いで、自らが拠って立つ社会に対するものの見方を探し続けていたように思います。そうしたとき、シュッツは、日常性や常識は社会学的思考の前提ではなく、まさにそれ自体がどのようにできあがっているのかなどを考え、日常性や常識を批判的に検討する営みこそが社会学のメインテーマであると明快にそれも説得的に論じてくれたのです。

私たち人間は〝意味を生きる存在〟なのです。シュッツは、明快にそう主張します。刺激―反応といった条件反射ではなく、私たちの営みには必ずなんらかの意味が満ちているのです。私たちは、まったく白紙の世界に生まれ出るのでありません。生まれた瞬間、そこには先人たちがつくりあげた意味に満ちた世界が待っており、その世界の中で、成長するのです。そして親やきょうだいのような親しい存在から、よく遊ぶ友人、たまに会う知人、さらには同時代に生きている未知の人々まで、いわば親密性から匿名性にいたるグラデーションのなかで圧倒的多数の他者と出会い、関係をさまざまに創造しながら、新たな意味を世界に満たしていきます。こうした意味を生き、意味を創造する営みは、どこで行われるのでしょうか。それはまさに私たちが普段ほとんど「あたりまえ」のこととして省みようとしない日常生活の世界（以降、日常生活世界）で行われ、意味は、その世界に常識的な知として息づいていくのです。

アルフレート・シュッツ

もちろんシュッツは、日常生活世界の構成について、もっと丁寧に議論をしています。ただここで確認しておきたいのは、シュッツによって、社会学が探求する重要な主題として「日常生活世界」が発見されたということなのです。

この世界は、私という人間存在を中心として空間的、時間的に位相を変えて構成されています。そしてその世界のゼロ点であり、意味を生きている私の存在を確認できる原点が「今、ここ」という瞬間なのです。

「今、ここ」で私は、最も濃密な形で他者と出会うことができます。そこで私は目の前にいる他者が語った言葉の中身だけでなく、言葉の端々、ちょっとしたしぐさや表情の変化、微細なふるまいなど身体をめぐる豊かな情報に気づくことでしょう。私は、対面する他者を身体的存在まるごと、「あなた」として了解することができるのです。

また「今、ここ」は、他者との交信をめぐるさまざまな誤解や偏り、歪みを、直接的なやりとりを通して修正可能であるという意味においても、コミュニケーションそして他者理解の原点と言えるのです。

そしてこの原点から、私とあなたの世界、私と彼らの世界、私と同時代の人々の世界、私と先人たちの世界、私と未来を生きる人々の世界が、同心球的に拡がっていくのです。

ただ後の章で述べているように、現代社会を生きるなかで、私たちの日常は大きく変容しつつあります。インターネットとスマートフォンという情報革命がもたらしている大きな影響が原因でしょう。当然ながら、シュッツが生きていた時代には、こうした革命的な情報環境や道具はありませんでした。だからこそ、「今、ここ」という最も濃密に身体的な現前（現にここに在ること）が可能な瞬間をゼロ点として考えることができ、またその瞬間から、他者と出会い、意味を生きる私の日常生活世界が構成されていると議論ができたのでしょう。アナログ世代である私もまた、〝生身の身体〟どうしの出会いこそ、コミュニケーションの原点であるという信奉を素朴に維持し、シュッツの主張や議論に共鳴し得たのだと思います。

では、スマホが身体の一部となり、情報と出会うという意味で無限に日常生活世界が拡張している日常を生きている私たちにとって、こうした素朴な信奉は、すでに崩壊してしまっているのでしょうか。それとも、「今、ここ」での「あなた」との最も濃密な出会いや交信こそが原点であるという信奉は、スマホに飼いならされてもなお、私たちの「あたりまえ」のなかで意味あることとして生きているのでしょうか。

「日常生活世界」という主題の発見。「今、ここ」というコミュニケーション、他者理解の原点。これらは、私たちの日常性への社会学的な旅を進めるうえで、依然として重要な判断の枠組み、つまり〝準拠枠〟だと私は考えています。

▽「人々の方法」：私たちはみんな「社会学者」だ

ハロルド・ガーフィンケル（Harold Garfinkel、一九一七〜二〇一一）。日常性を考えたい私にとって、シュッツの理論は魅力的でした。ただ読み進むうちにある意味で物足りなさを感じてきました。確かに日常生活世界を考えることは社会学の主題なのですが、シュッツは、そうした世界までも含め私たちが生きている社会全体を理論的に考えモデルを作り上げることに関心があったのです。別にそれ自体に問題はないのですが、私は、日常性や常識的なるものを社会理論として理論化するのではなく、経験的に調べたいと思っていました。

私たちは日常性をどのように「あたりまえ」として生きているのだろうか。常識として認められるものはどのように〝常識〟として維持され、あるいは変革されていくのだろうか。また「あたりまえ」のなかに、私たちが生きていくうえで、必須な部分とそうでない部分があるのではないだろうか。そうでない部分があるとして、それらは日常を他者とともに生きていくうえで、歪みや偏りとして、どのようにして立ち現われるのだろうか、等々。こうしたことをつらつら考えているうちに、ガーフィンケルのエスノメソドロジー（ethnomethodology）と出会うのです。

今でこそ、社会学の基本的テキストにこのアプローチは必ず紹介されています。しかし私が大学院生であった頃は、日本語での紹介も少なく、また日本の社会学者が好む理論的かつ方法論的検討ばかりで、エスノメソドロジーが経験的な調査として何を明らかにしてきているのかは、さっぱりわかりませんでした。仕方なく、私は数人の仲間で難解な英語の文献を読みふけりました。すると、エスノメソドロジーが経験的に明らかにしている知見はどれも面白く、私はエスノメソドロジーという独特な社会や人間に対する見方に魅了されたのです。

エスノメソドロジーとは何でしょうか。これは新たな社会学のアプローチを命名するのにガーフィンケルが作った造語です。私なりに説明すれば、こうなります。人種や民族などさまざまな「ちがい」をもつ人々が、他者とともに、多様な現実を〝意味あるもの〟として創造し、維持し、つくりかえるのに用いている「人々の方法（ethnomethods）」の社会学的探求だと。

私たちは、ただ漫然と何もしないで日常を生きてはいません。常にどのような場面においても、その現実が自分にとって〝意味あるもの〟〝適切なもの〟として立ち現われるよう、さまざまに「方法」を駆使し実践し生きているのです。例えば私は普段、家でなにもしないで「父親である」のではなく、常になにかしらさまざまな営みをやり続けることで初めて「父親をしている」のです。

「人々の方法」を実感してもらうために、講義で私はよく学生たちにこう問いかけます。「私はなぜ講義で君たちに話し続けることができるのだろうか」と。この問いは実は正確ではありません。本当は、「なぜ」ではなく「どのようにして」話し続けられるのかと聞かなければならないのです。でもそれを先に言うと、ネタばれになるので「なぜ」と問いかけます。学生たちは、この先生、何をあほなことを聞いているのかという表情になり、問いに答えようとはしません。それでも真面目な学生は「大学の授業で、あなたは先生だからでしょう」という趣旨の返事をしてくれます。この答えは何の間違いもありません。そのことを確認したうえで、いま一度問いかけ、私は自分で答えます。「私が話し続けられるのは、君たちが聞いてくれているから」と。「聞くということは、具体的に何かをしながら、自分は今どのように聞いているかを相手に向かって示し続けることなのです。たとえば、私が話していて、話が面白く集中していれば、君たちの姿勢は私の方に向くし、君たちが適切にうなずいたり、納得するような表情をしてくれます。よくわからないとちょっと首をかしげることもあるでしょう。私は、そうした微細なしぐさや表情をその場その場で確認することで、君たちが〝聞いてくれている〟ことがわかり、その結果として話し続けられるのです。

ハロルド・ガーフィンケル

つまり私は一方的に情報を伝達しているのではなく、常に君たちと交信しながら話しています。その意味で、講義することもまた、私と君たちが『方法』を駆使しあう、高度な相互行為なのです。君たちが〝聞いている〟ということを具体的に示し続けていてくれるからこそ、私は話し続けられるのです。

君たちは意識することはないのですが、〝私の講義を聞く『方法』〟を持っており、それを使いながら、いま、ここにいるのです。熱心に聞く『方法』もあるし、聞きながら他のことをする『方法』もあるし、教室の後ろで、みんなの邪魔にならないよう雑談をする『方法』もあります。そうした『方法』を調べ、私たちの『あたりまえ』を読み解く営みが、エスノメソドロジーなのです」。

そして、この「方法」は、私たちが日常さまざまに生きていくなかで、現実や他者との繋がりをこれまでの自らの体験や身につけてきた規範、世の中の人々が生きていくうえで使う多様な処世の知などと照らし合わせ、まさに社会学的に解釈し考える営みを通して創造されるものなのです。このアプローチでは、社会学という学問を専門的に学び、それをもとにして研究する存在だけが社会学者ではないのです。「方法」を駆使して現実を上手に渡り歩く私たちみんなが社会学者それも「実践的社会学者（the practical sociologist）」と言えるのです。

さて社会学を代表する学者たちが説いた「行為」「関係性」「構造」「自己」「日常生活世界」「人々の方法」という六つの視点を中心に語ってきました。もちろんこれらが社会学的視点のすべてだなどと言うつもりは毛頭ありません。でも私は、日常性という「あたりまえ」へ降り立つ社会学の旅をするには、十分な視点だと思っています。

そろそろ講義室から出て、日常性をめぐる社会学を考える旅へ出かけましょう。

第2章　日常性という宝箱

▽至高の現実としての日常生活世界

私たちは普段どこで生きているのでしょうか。少し問い方を変えるならば、私たちは普段どこを拠りどころとして生きているのでしょうか。

先の章でお話ししたA・シュッツは、社会学が中心的に考えるべき主題として日常生活世界をあげ、その世界のことを「至高の現実（the paramount reality）」と呼んでいます。至高とは、このうえなく優れている、最高の、という意味です。ではなぜ日常生活世界が「至高」なのでしょうか。少し考えてみたいと思います。

日常生活世界とは、まず第一に、私たちが生まれてから死ぬまで拠りどころとして生きる、質量ともに圧倒的な現実であるということです。さらにそれは、私たちが、普段さまざまな多様で異質な現実と向きあい生きているなかで、最終的にはそこへと帰還できる安定した基本的な現実でもあります。

今は、ネットでのゲームが世の中を席巻していますが、ネットがない一九八〇年から九〇年代は、ファミコンやスーパーファミコン、64などのゲーム機を使って、さまざまなゲームに私たちは夢中になっていたのです。息子や娘にせがまれて、数多くのゲームソフトを購入したのですが、実は私も当時ゲームに「はまって」いました。

たとえば「マザー」「マザー2」という傑作がありました。私はその独特な世界観や「どせいさん」などユニークなキャラクターに魅了され、延々テレビ画面に向き合っていたことを思い出します。マザー2をやっているとき、私は確実に普段の雑事などは忘れ、日常生活を離脱し、ゲームで展開される世界に没入し、ステージをクリアしようと懸命になっていました。

『MOTHER』1989年、任天堂コンピュータRPG

しかし、ステージをクリアし、ひと段落ついた瞬間、私は日常生活世界へと帰還しようと「そろそろやめようかな、明日の授業の準備もしなければならないし」と思いだします。これはいわば、ゲームの世界という仮構の現実から私自身が

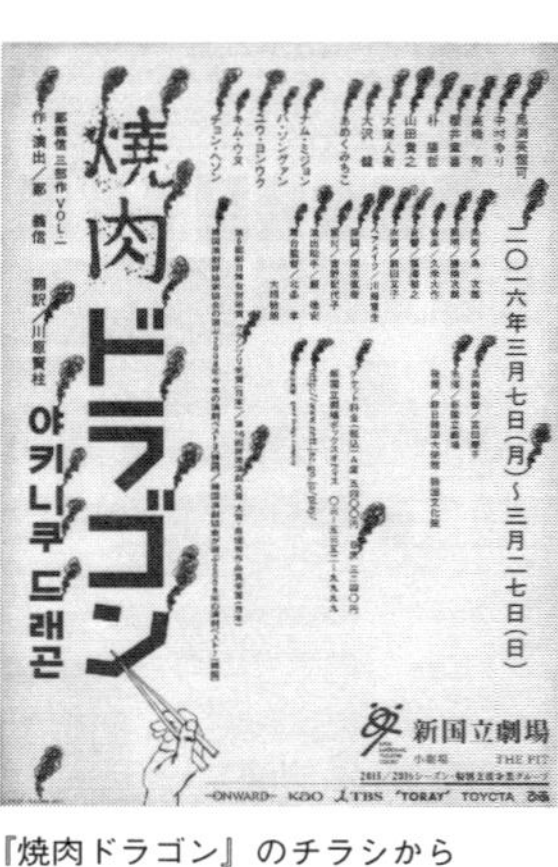

『焼肉ドラゴン』のチラシから

日常生活世界へと引き戻されてしまう瞬間とでも言えるでしょう。

また先日、『焼肉ドラゴン』（鄭義信（チョンウイシン）作）という演劇を見に行ったときも、私は同じような瞬間を生きていることを実感したのです。

日本万国博覧会が大阪千里丘陵で開催された一九七〇年、高度経済成長の陰りが出始めた頃の在日コリアンの家族の生きざまを描いた秀作です。小学校から中学校の頃の時代設定です。子どもの頃、大阪で生まれ育った私がちょうどよくテレビで見ていた吉本新喜劇の笑いやノリが演劇のなかにあふれ、私が生きてきた歴史からみても、思わず「はまって」しまう楽しくかつ考えさせられる演劇でした。

非常灯もすべて消えた真っ暗なホールの空間。目の前にある舞台で展開する現実を少し離れたところから眺める私。確実に演劇的な現実に「はまって」いたのです。三時間がすぎ、演劇が終了します。すばらしい演劇に感動した私たちの何度ものカーテンコールに応える役者さんたち。そのうち場内の照明がつき、ホール内が明るくなる。お約束のように、三々五々立ち上がりホールを出て行く観客。私も立ち上がり出て行くのですが、この瞬間、私は「今日の晩御飯はどうしようかな。娘はバイトで遅くなると言ってたけど、帰って何か料理するのも、めんどくさいし、何かスーパーで惣菜でも買って帰ろうかな」と考えたりするのです。日常生活世界が非日常ですばらしい感動に浸っていた演劇の現実から私を呼び戻す見事な瞬間といえるでしょう。

▽「今、ここ」で〝生身の他者〟と出会える可能性

第二に、日常生活世界は、〝生身の存在〟としての他者と直接出会えるという意味でも、圧倒的な現実といえるでしょう。つまり、そこでは「今、ここ」という瞬間に、声を聞き、ふるまいを見つめ、情緒を感じ取り、その状態を丸ごと了解することができる具体的な身体としての他者と出会い、交信できる可能性が満ちているのです。さらに言えばそれは、他者との出会いや交信の可能性を手がかりとして、常に新たな関係性や意味を創発できる可能性に満ちているともいえます。

たとえば、なぜ大学での推薦入試や会社への入社試験に面接があるのでしょうか。一〇分や一五分という限られた時間で目の前に座っている受験生に質問し、その答えぶりからいったい何がわかるのでしょうか。会社面接であれば、人柄や常識など企業にとって必要な資質や能力を確認する重要な機会であるといえるかもしれません。

しかし大学入試の場合、現実はもっと緩く漠然とした基準あるいは感覚による評価で面接が判断されているようです。あなたはなぜこの学科を志望されましたか。その理由をまず聞かせてください、という問いに対して大学案内にある文言などを暗記し準備を周到にしてきた受験生は、ある意味、決まりきった返事をよどみなくしてくれます。私たちは、「またか」と思いつつ、しゃべり終わるのを待って、「よくわかりました。で、あなたはなぜ社会学をやりたいと思って来たのですか」とさらに問いかけます。そこで自分の言葉を探しながら懸命に社会学を学びたい理由を語る学生もいるし、戸惑いを見せ、これ以上いったい何を話せばいいのだろうと逡巡(しゅんじゅん)を隠せない学生もいます。

相手が用意してきたことをすべて話し終えたのを確かめ、さらに問いかける瞬間、私は、目の前にいる学生さんと初めて「今、ここ」で向きあっていると感じることができ

るのです。別に推薦入試面接のコツを語っているのではありません。学力を判定する試験のほかに、なぜ私たちは面接をするのでしょうか。仮に限られた時間内ということであれ、やはりそこには、「今、ここ」で〝生身の他者〟と向きあうことでしか得られないコミュニケーションの中身があるという信奉が息づいているのでしょう。

私たちは「今、ここ」という現在の瞬間に〝生身の他者〟と出会うことにやはり重要な意義を見出しているのです。そして、「今、ここ」で〝生身の他者〟と出会える機会が無数に満ちているのが、日常生活世界なのです。

さて、私たちが普段暮らしている日常生活世界が「今、ここ」での他者との出会いの可能性に満ちているとしても、もし私たちが絶えず「今、ここ」で〝生身の他者〟と出会い、繋（つな）がりたいと思い、生きているとすれば、それはまたなかなかしんどいことではないでしょうか。「至高」がもつ今一つ重要な意味が「決まりきった」「あたりまえ」という言葉に象徴されるものなのです。

▽「類型」として他者を理解する

第三に、常に新たな関係性や意味をつくりあげる可能性がありながらも、同時に、この日常生活世界のほとんどを構成しているのは、決まりきった他者理解や交信の仕方です。私たちはこのルーティーン（決まりきった、その意味で変わりない退屈な繰り返しの作業）をほぼ無意識に支障なくこなしていくことで「あたりまえ」に生きることができるのです。

たとえば渋谷駅前の巨大なスクランブル交差点。そこは一度に大量の人が渡ることで世界的に有名です。そこを渡ろうとしているあなたは、目の前にやってくる大量の人々をどのように理解しているでしょうか。素敵なファッションをした人や奇抜な格好をした人には思わず目がとまるでしょう。また知り合いを見かければ、声をかけたりするでしょう。しかし大半の人々は「交差点を渡る」見知らぬ他者です。だからこそ、目の前から忙しそうにやってくる人々を過剰に見つめたりせず、声をかけたりなどしないで、ぶつからないように注意を払いながら、支障なく、あなたは大勢の他者の群れを上手にすりぬけていくのではないでしょうか。

なにをあたりまえで、つまらないことを話しているのかと思われるかもしれません。でも、なぜ、どのようにして私たちが、「交差点を見知らぬ他者とともに支障なく渡ること」ができるのかを詳細にふりかえることは、日常生活世界を普段どのように私たちが認識し、生きているのかを考える重要な事例と言えるのです。

シュッツの考え方を援用すれば、交差点を渡る時、私たちは、他の人々を「同じように交差点を渡ろうとしている人」以上に余計な意味をこめて理解する必要はありません。つまり周囲の他者にどのような違いや特徴があるとしても、彼らを「交差点を渡る人」以上でも以下でも認識する必要はなく、ただ「交差点を渡る人」として私の前に立ち現われていればいいわけです。なかなかくどい言い方でしたが、シュッツはこうした日常的な他者認識を「類型的」な理解と呼んでいます。満員電車の中で身体を触れあいながらも一心にスマホをいじる他者は「乗客」であって、ホームに立ってアナウンスしている人は「駅員」と理解すれば、それでその場のことは十分足りているわけです。

このように指摘されて初めて気づくかもしれませんが、普段、私たちは日常生活世界において、「類型」として他者を理解するための多様な実践的な知識を駆使しつつ、暮らしているのです。

これらの知識には、ただ目の前にいる他者を理解するためだけでなく、それぞれの場面で他者に対して、私がどのようにふるまえばいいのかなど、他者との関係の作り方、交信の仕方などの知識、いわば各場面で〝適切に〟ふるまうための「処方箋」としての中身も含まれています。そして、こうした「処方箋」的な知は、広く言えば、ガーフィンケルが述べる「人々の方法」の実践のなかで意味をもつのです。

日常生活世界には、私たちが普段、家族や友人など親しい人々だけでなく大勢の見知らぬ他者のなかで暮らしていけるための圧倒的な質量の「類型的」知、「処方箋」としての知が息づいているのです。そして私たちは、家庭や学校、友人たちとのやりとりを通して、こうした実践知を身につけ、日常をなるだけ支障なく暮らしていき

交差点を見知らぬ他者とともに支障なく渡れる私たち

ます。言い方を換えれば、「類型的」知や「処方箋」としての実践知が、私たちの日常を「あたりまえ」な現実、〝適切に〟知識を使って生きていれば普段はそれ以上反省する必要のないものとして、見事に構築しているのです。

こう考えてくれれば、私たちの社会や他者との関係、繋がりのありようなどをふりかえって考察するうえで、さまざまな概念や理屈をつくり、いわば日常の「外」から説明するよりも、日常生活世界をつくりあげている多様な「あたりまえ」それ自体に降り立ち、その詳細に焦点をあてるほうが、いかに重要であるかが、わかるでしょう。

では、どのようにして日常生活世界における私たちの現実理解、他者理解の仕方を社会学的に考えていけばいいのでしょうか。

▽異邦人のまなざしで日常性をみつめる

日常生活世界を社会学の主題にと主張したA・シュッツは、第1章でも紹介したようにオーストリア生まれで第二次大戦時、ナチスの迫害を逃れアメリカに亡命した知識人の一人でした。なぜ彼は日常性に注目したのでしょうか。彼は大学という象牙の塔にこもって研究したのではなく、昼間は銀行員として働き、夜に大学で研究し教育したというユニークなキャリアを持っています。彼の学問的営みや人生を詳細に調べ論じた学史の蓄積は豊かですので、詳しく知りたければ、それらを読んで欲しいと思います。

私は、シュッツの人生を知り、彼の中に鋭くかつ優しい「異邦人のまなざし」があったからこそ、日常性という宝箱を発見し、その中身の面白さを私たちに示すことができたのではと思っています。

その異邦人のまなざしとは何でしょうか。それは、普段私たちが他者とともにさまざまに作り上げ、生きている、多様な日常という現実を「驚きの眼」でもって、今一度眺めなおす力とでも言えるかもしれません。

たとえば私たちは、海外へ旅行すれば、期間限定であれ「異邦人」になることができます。最近、私はマレーシアの首都クアラルンプールとマラッカを旅してきました。日中の気温三五度、湿度七〇~八〇%以上。夕方スコールが降っても一〇〇%の湿度になるだけで、爽快感などない気候に身体はしっかりとやられてしまいましたが、楽しい「驚き」に満ちた数日間でした。

首都の中心をモノレールが走っています。その狭い車両の中に、マレー系、中国系、インド系、そして私のような外国人観光客が乗ってきます。服装や外見も異なり、複数の言語が飛び交う車内。週末にぎわうショッピングモールでも多様な差異をもつ人々が行き交っています。まさに多民族・多文化の日常がそこにありました。通りの片側に中国の寺院があり、隣にイスラム教のモスクがあり、反対側にはヒンズー教の極彩色の寺院があり、信仰する人々がそれぞれの寺院を訪れているのです。

こうした日常の雰囲気、空気に触れて、私は普段からこうした世界で生きていると、確実に世の中への考え方や見方が変わってくるだろうと実感しました。テレビでは毎日マレーシアは一つだという国のコマーシャルが放送されていました。民族、文化、言語など多種多様な違いがある人々が「今、ここ」でともに生きているからこそ、逆に、マレーシアは一つの国家であるという主張が重要になってくるのです。多彩な価値感が息づいている傍らで、多様性を認めたうえでの統一を常に主張するマレーシアの日常を考えるとき、日本民族こそ優秀だと主張したり、在日コリアンなどを排斥するヘイトスピーチに象徴される偏狭なナショナリズムを主張することのくだらなさ、愚かさが際立ってくるのです。

マレーシアへの旅のちょっとした余談ですが、現地の言葉がわからない私のような「異邦人」としての観光客でさえ、思わず笑ってしまう「驚き」もありました。マラッカの歴史や文化を展示したスタダイス（歴史・民族博物館）にいたとき、見つけた表示（写真参照）です。我慢できず早くトイレに行きたいという気持ちがストレートに表れた表示に思わず噴き出してしまったのです。ただのトイレ表示でも十分なのに、思わず笑ってしまう「遊び」がそこにはありました。私は、こうした「遊び」に、多様性を認めあうマレーシアの日常にある「余裕」のようなものを感じてしまいました。

マラッカ・スタダイスのトイレ表示

▽「あたりまえ」に驚き、「あたりまえ」を疑う

もちろん、外国に行かなくても、私たちは「異邦人のまなざし」でもって、普段の暮らしや現実のさまざまな

部分に「驚く」ことができます。

たとえば私は、毎日大学に向かう電車の中で、常に「驚いて」います。通勤通学ラッシュの中、大半の人が黙々とスマホ画面を眺め、指を忙しそうに滑らせています。私は、この光景を異様に感じ、見事な「画一さ」にいつも驚いています。もちろんスマホがだめだなどと言っているのではありません。これもまた、私たちが普段「あたりまえ」に電車に乗るための重要な実践知と言えるのです。ただ狭い車内で、自分の立ち位置を決めた瞬間、周囲の人への関心を一斉に遮断して〝スマホバリアー〟で守られた世界へ人々が没入していく姿は私にとって、いつも驚きなのです。

かつては、新聞を四つ折り、八つ折りにして顔を近づけ無心に読む姿や週刊漫画雑誌を丸めて読む姿が中心でした。新聞や雑誌を読む姿とスマホに没入する姿は同じなのでしょうか。それともまったく異質な日常を生きる私たちの姿ができあがっているのでしょうか。同じように見える混んだ車内の光景ですが、私はこの二つはかなり意味が異なっていると考えます。

新聞や雑誌は、確かに私たちはそれを読みたいから読むのですが、見方を変えれば、これらは、身体が触れあうぐらい混んだ狭い車内で、お互いが儀礼的に距離をとり、特別な興味や関心がないことを示し、相手に対して距離を保っていることを示す重要な道具と言えます。新聞や雑誌を読んでいても、周囲の音や隣の人の姿勢や動きなど細かい状況はわかるでしょう。その意味でこうした道具は、それに目を落としているとしても、常に周囲の他者の気配は感じ取れるし、私たちは常に周囲に気を配っているとも言えるのです。つまり、新聞や雑誌は、自分の周囲に〝バリアー〟を張る道具ではなく、周囲の他者とつながるための道具なのです。

他方、私たちはスマホを通して、混んだ車内でもそこにいない他者と交信したりゲームを楽しんでいます。いわばスマホは、「今、ここ」で全く異質なリアリティへ瞬時に跳躍できる驚きのメディアなのです。さらにスマホは、新聞や雑誌に比べ、小型軽量であり、周囲に迷惑もかけずに私たちは「混んだ車内」で操作ができます。イヤホンやヘッドホンをし、周囲からの音をさえぎり、視線をスマホの画面に集中させるとき、私たちの心や関心は「今、ここ」にはないのです。端的に言えば、スマホは、それを使って多様なリアリティを自在に移動できるとしても、新聞や雑誌のように「今、ここ」で儀礼的に周囲に無関心を示したり、距離をとるための道具ではないのです。

混んだ車内の二つの光景。一つは、新聞や雑誌を読みながらも、常に周囲の他者に対して儀礼的に無関心を示し、身体が密着しているとしても、そこに安心な距離があることを示しあう秩序が「今、ここ」で作られ維持されている空間です。そして今一つは、それぞれがスマホに没入することで「今、ここ」に居ながらも、個別のリアリティの跳躍を楽しんでいる空間です。ただし、そこは、儀礼的に無関心を装い常に他者との安心な距離への気配りに満ちているのではなく、まさに周囲の他者への関心を喪失し、安心な距離を保つための儀礼を微細に実践することさえ怠っている人々の身体が満ちている空間なのです。

通勤通学での混んだ車内という、思いっきり「あたりまえ」で日常的光景を詳細に読み解いてみました。そこには、他者とつながるうえで、ふりかえって考えるべき興味深い問題を私たちが生きていることがわかります。

私たちが何気なく見ている日常的光景。繰り返して流されるテレビコマーシャル。思わず感動して涙を流してしまう映画やドラマ。ワンパターンのフレーズや身ぶりをこれでもかと繰り返し、なかば強制的に笑いを取っていこうとするお笑いタレントたちのトークショー。さまざまな事件を伝え、私たちの日常への危機感をあおるワイドショーや雑誌報道等々。数え上げたらきりがないのですが、日常生活世界になんらかの意味を与えている多様な「あたりまえ」の場面のなかにこそ、私たちが日常生活世界を詳細にふりかえって捉え直すきっかけに溢れているのです。

そしてきっかけに気づくためには、ただ「あたりまえ」を漫然と認め、「あたりまえ」がもつ心地よい、なまあたたかい空気にただ浸っているのを、いったんやめる必要があるでしょう。言い方を変えれば、目の前の場面や光景を理解するためにほぼ無意識のうちに使っている「処方箋」としての知識、いわば常識的知識をいったんカッコに入れ、この知識をどのように自分が使っているのか、またこの知識を使って場面や光景を理解していく営み自体、はたして〝適切で〟〝気持ちよい〟ものだろうか、などを立ち止まって考えてみる必要があるのです。そうした気づきや営みこそ、日常生活世界を生きて在る私たちの姿を社会学的に読み解くためのはじめの一歩なのです。

大事なので繰り返しておきたいと思います。「あたりまえ」に驚き、そこに何が息づいているのかを「見つめ」、その何かが本当に私たちが他者とともに気持ちよく生きていくうえで必要なのかを「疑い」、さらにそれを「変えていける」とすれば、どのように自分の日常を変えていけばいいのかを考える営みこそ、まさに自分自身の暮らしや人生を社会学的にふりかえって考える基本といえるのです。

▽『桐島、部活やめるってよ』

一つ例題をやってみましょう。

『桐島(きりしま)、部活やめるってよ』(吉田大八(だいはち)監督、二〇一二年)というとても面白い映画があります。公開当時、ロングランでかなりヒットしました。私は映画やドキュメンタリーを素材に社会学的な想像力を膨らませるという演習を二年生にしていますが、そこで必ずこの映画をとりあげています。どんな映画なのでしょうか。

原作は直木賞作家・朝井リョウの同名のベストセラー小説です。高校バレー部のリベロとして活躍する桐島。彼はスポーツ万能、毎晩受験塾にも通う「できるやつ」です。スクールカーストの頂点に立つ桐島が、突然部活を辞め、学校に姿を見せなくなるのです。そのことで彼の周辺にいる多くの人間の繋がりに亀裂が入り、日常にさまざまな波が立っていきます。木曜日から週末、火曜日までの出来事をそれぞれの人間の生きている場からフラッシュバックさせ、立体的に彼らの葛藤を描いていく優れた映像です。放課後、部活が終わるまでバスケットボールをしながら桐島を待つ「帰宅部」の三人。そのうちの一人は桐島と一緒に塾にも通うもう一人の「できるやつ」です。彼は活躍を期待されながらもなぜか野球部を辞めていきます。キャプテンは戻ってきてくれと事あるごとに頼むのですが、彼はあいまいに返事をはぐらかしています。しかし野球部のバッグを普段持ち歩いています。いったい彼は何がしたいのでしょうか。部活にも熱中できないし、勉強にも熱中できないまま過ごしている日常。彼がスクールカーストの上位にいることもまた確かなのです。

（吉田大八監督、2012 年）

　桐島が突然辞めたことでリベロの責任を一気

に負わされた男子。彼はバレー部では桐島のサブです。急遽レギュラーで試合に出るが、桐島との力の差は歴然で試合は負けてしまいます。バレー部の秩序は一気に揺らぎ、部員相互に起こる対立や葛藤。サブのリベロのがんばりに共感するバドミントン部の女子がいます。彼はがんばってるんだよね。でもがんばってもだめなんだよねと。彼女は同じ部の能力ある友だちをうらやましく思いながら、サブのリベロの男子の姿に自分の姿を重ねようとするのです。桐島がいなくなることで、スポーツ部活の上位カーストを占めている人間たちが確実に迷い、中位にいる人間にしわ寄せがいきます。また上位カーストにいる男子とつきあうことで上位にいられる女子も揺らいでいくのです。

　他方、文化部の下位カーストを占める映画部の男子たちが顧問の意向に抵抗し、〝反乱〟を起こします。顧問に従うのではなく、自分たちがつくりたい映画をつくろうと。剣道部部室入口から入った部室横にカーテンで仕切られた穴ぐらのような薄暗い「映画部」の部室。そこに一〇人くらいの男子がたまってマンガを読んでいます。カースト底辺にいる生徒たちを象徴する映像でしょう。映像からは臭いは感じませんが、剣道部の防具から発する特有な異臭がこもった空間に「映画部」が押し込められていることが底辺の意味をさらに増幅させるのです。「映画部」の反乱と、帰宅部の「できる」男子をひそかに想う吹奏楽部部長との場所とりをめぐるせめぎあいはおもしろいです。映画のラスト近く、桐島に翻弄された上位の人間たちが校舎屋上での「映画部」の撮影に闖入し、結果として撮影に巻き込まれるシーンは秀逸です。吹奏楽部の演奏とあいまって、ゾンビを演じる「映画部」男子たちが上位の人間たちを襲い、その映像をおさめようと必死でカメラを回す「映画部」監督の男子。下位と上位が見事に転倒しカーストの秩序がいっとき霧散してしまうのです。

▽スクールカーストが内包するものとは

いまスクールカーストという言葉を使いましたが、この言葉は最近、教育研究や学校研究者の中でよく使われるものです。生徒たちが日常の大半を暮らす世界である学校や学級は、均質な人間でつくられた均質な空間ではなく、そこには成績や学力だけでなく対外的に活躍する運動部からそうでない地味な目立たない文化部への所属などいくつかの基準で生徒たちがお互いを選別し上位から下位までの序列や棲み分けがなされている実際があるのです。こうした現実を差別や排除を維持、固定化するカースト制度になぞらえ、スクールカースト、学校、学級でのカーストと呼んでいるのです。

たとえば教育社会学者の鈴木翔(しょう)は生徒たちへの丁寧な聞き取りをもとに上位、中位、下位のカーストの様相を明らかにし、興味深い分析を行っています(鈴木翔『教室内(スクール)カースト』光文社新書、二〇一二年)。鈴木の議論で私が面白いと思うのは、生徒たちの作りだす現実をカーストとして批判しながらも、学級内のカーストをすばやく察知し、上位の生徒たちと良好な関係を築くことが円滑な学級運営のコツだと学校教員のホンネに近い聞き取りの声をとりあげ、教員が回避し得ない重要な現実だとして評価している点です。

映画に戻りましょう。映画では上位にいる人間が良くて、底辺にいる人間が悲惨だということを単純に描いてはいません。桐島の彼女とされる容姿端麗の女子。放課後生徒たちが忙しく往来するベンチに取り巻きの女子と座り、部活が終わる桐島を待つ姿は象徴的です。桐島が最上位にいる限り、彼女は同じく女子の最上位として輝いています。ただ映画ではなぜ桐島が部活を辞めたのか、その理由すら彼女は聞いていないのです。

いったい自分は桐島にとって何なんだったのだろうか。その地位に亀裂が走った時、容姿端麗の女子はあせりと苛立ちを感じるのです。

他方、底辺にいる「映画部」男子たちは、クラスの女子からは小馬鹿にされながらも一向に気にせず、自分たちが撮りたい映画の撮影に邁進していくのです。納得できる作品を撮りたいという彼らの想いが伝わってきます。

部活に所属せず、放課後バスケットをして遊び、桐島を待つ「帰宅部」の男子三人。部活を辞めた桐島をもう待つ必要はないのにバスケットをしているとき、自分たちのあいまいさに気づきます。「なんでおれたちバスケットしてるの?」「好きだからだろ」「お前は好きなら、部活に入れよ」と別れていくのです。いったい彼らは、どのような思いで普段、放課後の時間つぶしをしていたのでしょうか。

野球部を辞めた「帰宅部」の一人を密かに想い、バスケットをして遊ぶ三人を遠くから眺めながらも自分の存在をなんとかして気付かせたい吹奏楽部の部長の女子。桐島の彼女の取り巻きからひどい仕打ちを受け、自分にはやはり吹奏楽があると部活の現実へ戻っていくのです。

確かに部活の対外的な活躍や注目度から見れば、生徒たちの序列は存在するでしょう。しかし、生徒たちは、それぞれの居場所で確実に生きています。自分の居場所を維持しようと必死になっている人もいるし、なぜその場所に自分がいるのか、あるいは自分がそこにいたいのかがよく分からず、悩んでいる人もいるのです。居場所への自分の意義は十分にわかっていながらも、そこから出ようとする一歩が踏み出せず、逡巡している人もいるのです。自分の居場所をめぐる葛藤や居場所でどのように現実をつくりあげているのか、それぞれの現実構築をめぐり「処方箋」的な知があることを映画は、楽しくかつ感動的に見せてくれるのです。

「闘おう、ここがおれたちの世界だ。おれたちは、この世界で生きていかなければならないのだ」。校舎屋上でゾンビとの闘いを撮り終えた後、〝映画部〟監督が確認する映画でのセリフが秀逸です。さまざまな生きづらさで満ちている学校の日常。でも自分たちはそこで生きざるを得ない。桐島がいようといなくなろうと、学校という空間で、それぞれが生きざるを得ないのだ。見ているみんなはどうする？　そんなメッセージがじんわりと伝わってくるのです。

はたして学校や学級内で生徒たちがつくり、維持している現実を「カースト」というひとことで言い切れるものなのでしょうか。それはもっと多様で複雑な現実が交錯する日常でしょう。映画では、あるきっかけでこうした日常をふりかえらざるを得なくなった生徒たちがそれぞれの居場所で懸命に生き続けようとする姿を鋭くかつ温かく描いています。

▽日常性という宝箱

友人との日常。母親との日常。父親との日常。きょうだいとの日常。学校での日常。教室での日常。部活での日常。通学途中での日常。学習塾に通う日常。自分の部屋にこもる日常、自分の趣味に没頭する日常、等々。まだまだ数えあげればきりがないくらい、私たちは普段、さまざまな他者と向き合い、出会い、すれ違いながら、無数の日常を生きています。そしてそこで私たちは何もしないで、ただ漫然と生きているのでしょうか。決してそうではないのです。ルーティーンを「あたりまえ」のこととしてこなしていくとき、私たちは、さまざまな常識的知や「処方箋」的知、現実を理解し、現実を構築するための「方法」を駆使して生きているのです。私たちは常に何かを実践しつつ、日常を支障なく、「あたりまえ」のこととしてすごしているのです。

日常生活世界を社会学的に考えることの主題として考え、そこで生きている私たちの姿や他者の姿を反省的に考えるとき、「常に何かを実践し続けている存在」として自分や他者を捉えることは重要です。

そして、実践するために、ほぼ意識することなく使ってしまっている私たちの常識的知、「処方箋」的知を「驚きのまなざし」「疑いのまなざし」でもって見つめ、見直し、それらにどのような問題があるのかをじっくり、ゆっくりと考え直していく営みこそ、私という存在を中心として、そこから広がっていく社会学的な思考や社会学的想像力を膨らませる基本です。

食リポーターの有名なコメントに「△△は、○○の宝石箱やぁ！」というのがあります。まさに日常性は「私の社会学を考える宝箱」なのです。ただし私が生きる日常には、キラキラと輝くすばらしい宝石ばかり見つかるのではありません。「あたりまえ」を考え直す興味深い手がかりが見つかったとして、それは私にとって、なかなか向き合うのにしんどい、くすんだ〝石〟かもしれないからです。でも、それに向き合い、自分が生きている日常に息づいているさまざまな問題性に気づいてしまったとき、その〝石〟は、にぶく輝き始めるでしょう。たとえば多様な他者を分け隔てている常識的知を自分が無批判に受容してしまっていることはあります。それに気づき、それをなんとか変えてしまいたいと私が願い、そのための模索を始めるとき、しんどかった〝石〟は、確実に、すばらしい「宝石」として、私の中で輝き始めるでしょう。

さて、それでは日常性のなかに埋もれているさまざまな「宝石」を探す旅に出かけることにしましょう。

第3章　スマホのある日常

これまでも何度かとりあげたように、スマートフォン（以下スマホ）は従来の日常のあり方を大きく変容させたと私は考えています。それは第1章で登場してもらった社会学の基礎をつくりあげた巨人たちもまったく想像し得なかった世界ではないでしょうか。私たちは、「スマホのある日常」をどのように生きているのでしょうか。社会学的な見方を通して、少しじっくりと考えてみたいと思います。

▽身体になったスマホ

毎朝の通勤通学の風景。駅のホームに並び電車を待つ人々。彼らの九割以上がスマホをのぞきこみ、一心に指を滑らしています。もう見慣れた、あまりにも「あたりまえ」の日常のワンシーンといえるでしょう。でも私は毎日この情景を見るたび、それぞれ異なった人々がまったく同じ姿勢を保ち、同じ動作をしている画一さ、均質さを感じます。

同時にスマホに〝飼い慣らされて〟しまっている私たちの姿であることに気づき、戦慄しているのです。

スマホはずいぶん前から日常化し、身体化しているメディアと言えるでしょう。終日、なんらかのかたちでスマホに依存している私たちの日常があるとして、その状態をどのように私たちは考えればいいでしょうか。

たとえばアルコールや薬物と同じように考え、スマホに過剰に支配された姿を依存症と呼び、一つの「病い」と考えることもできるでしょう。「病い」であれば、私たちがその症状から回復するための「治療法」や「処方」が考えられます。スマホを使う時間帯を制限するとか、学校ではスマホの使用を禁止するとか、ある規制をつくりあげ、私たちとスマホの関係を改善していくという方向性です。

また、スマホとの適切なつきあい方を、スマホとより円熟した関係をつくりあげている「先輩」からわかりやすい説明で、伝授してもらうという方向もあるでしょう。巷(ちまた)にスマホとの効果的なつきあい方やスマホの活用法をわかりやすく語るノーハウ本が氾濫しているのも、こうした発想の表れと言えるでしょう。

でも、いずれの「処方」にしても私たちの大半が用いること自体に抵抗すら感じなくなっているスマホと日常的な関係のありようを「依存」や「病理」という視角から考えること自体、私たちがすでにスマホという魅力ある魔性のメディアに絡めとられていることの証左ではないでしょうか。

ここでは「依存」や「病理」ではない発想で、スマホのある日常を考えてみたいと思います。

▽便利さを使いこなし、手軽さを錯覚する

確かにスマホは圧倒的に便利な道具です。大学のゼミでは、以前であればメンバー各自の住所や連絡先を聞き、ゼミの連絡網を作っていたのが、今では、メンバーの誰かにお願いすれば、その場でLINEなどSNS（ソーシャルネットワークサービス）を通して「伝えるべき連絡事項や情報」が一瞬のうちに流れていきます。

また私は、最近だんだんともの忘れが進んでいるのですが、ゼミである本を紹介しようと思っても、すぐに正確な著者名やタイトルが思い浮かばない時があります。「ちょ

っと待ってね、思い出すから」と言い、タイトルを思い出そうと呻吟しんぎんしていると、学生たちはスマホの画面に指を滑らせ、瞬く間に、「先生の言ってる本ってこれのことですか」と正確な情報を示してくれます。このとき、私はスマホ、というかスマホを通して開けているインターネット空間の便利さを実感するのです。

普段私は、パワーポイントなど一切使わずに、従来通り、黒板に板書しながら講義をしています。二五〇人は入るような大教室で講義をしているとき、前の方に座っている学生たちは、板書を適宜自分のノートやルーズリーフに書き写しながら、私の講義を楽しんで聞いています。他方、講義を聞く気もあまりないのに、講義室にやってくる学生たちもいます。彼らは、講義の邪魔にならないよう、それなりに〝配慮〟しながら、後ろの方にたまって雑談をしています。ただ講義の場にいること自体にまだ意味を見出しているのでしょう。板書である程度黒板に文字が埋まった頃あいを見計らって、一斉に、スマホで黒板の画像を撮るのです。何人かの学生が両手を伸ばして、スマホで黒板を撮ろうとする姿は、前から見ていて、けっこう滑稽で、私は思わず、ピースをして写りこみたいという衝動にかられてしまいます。

余談ですが、私は大学の専門講義は出席などとる必要はないという確固とした思いがあり、講義の冒頭に、なぜ自分は講義で出席をとらないのかを受講生に説明しています。決められた時間割に従って授業を受け単位をとる高校までの教育と大学はまったく違って、自分が出たいから、興味があるから、ある講義を選択し受講登録するはずなのです。もちろん大学の講義には毎回出ることが重要な要件となっているものもあります。だから「出席などとる必要はない」は大学教員としてこれまで生きてきた私の経験から出た思いと言えるでしょう。

出てみたものの、思惑が外れて、少しも面白くなく、ただ退屈なだけの講義があることも事実です。大学の教員のなかには、自分の講義の下手さや学生に知識や考えを伝える仕方や能力の稚拙さを棚に上げて、講義を聞こうとしない学生が悪いと居直っている者がいることも事実です。また大学に入り、スポーツ等の部活や文化系サークル活動やバイトなどで忙しく、当初の思い通りに講義に出られなくなる可能性が生じることもまた事実です。

だからこそ、自分で工夫しながら大学での日常を作っていくことがとても大事になるのです。私自身大学生であった頃、好きな講義は一生懸命出て学びました。他方で、今と同じで面白くないが、単位として取らざるを得ない授業もありました。そうした場合、私は〝なんとかして毎回授業に出なくても、単位が取れる〟方法をあれこれ考え、実践していきました。

こうした話を講義の冒頭にして、私は、講義で単位をとるための必要条件を説明します。そしてその条件に「毎回出席すること」は入っていません。私の話を聞く気もないのに、講義室の後ろの席をあたため、雑談をしながら、スマホを使って板書の画像を撮る学生には、正直、もう少し大学で自分が何をしたいのか、どのように大学の時間を過ごせばいいのかを考えたらいいのになと、少し残念に思いながら、向けられたスマホに対して、私は思わずピースサインをしそうになっているのです。

余談が長くなりました。話を戻しましょう。

▽「世界」を携帯する快楽・「わたし」がさらされるリスク

片手に収まる端末としてのスマホ。それは画像や動画も撮れるし、鮮明な映像もみることができるし、もちろん電話の機能も備えています。すでにコンピュータの端末以上の機能を持っています。こうした道具を手にしてまさに一日中何らかの形で操作をすることで、私たちは「今、ここ」で、目の前にいるあなたとだけ出会えるのではなく、瞬時のうちに、「今、ここ」を超越し、多様な現実とつながることができます。スマホを使いこなす日常で、私たちはいったい何を手にして、何が脅かされているのでしょうか。それは端的に言って、「世界」を携帯する悦楽であり、その裏返しとして「わたし」が不特定多数の匿名の人々にさらされるリスクだと私は考えています。

コンピュータが開発されインターネット社会が登場してずいぶん時間がたっています。私はノートパソコンでこの原稿を書いていますが、少し前であれば、デスクトップのパソコンを前にしてキーボードを叩(たた)いていたはずです。原稿を書いて少しくたびれれば、ワードを閉じて、メールが届いていないか確認したり、ネットを開けてさまざまな情報にアクセスしたりします。ただこうした営みは、まさに「机を前にして」私がやっていることなのです。でも今は、「机を前に」する必要もないし、「ノートパソコンを膝の上に置く」必要もなく、ただ手のひらに収まっているスマホに指を滑らせることで、いつでもどこででも「世界」を自分の前に開くことができるのです。

デスクトップからスマホへ。これは単なる道具の技術革新だけではないのです。「机の前に座ったり」「部屋にこもったり」「何インチかの画面に集中したり」など、まさにネットへ私たちが向きあうためだけに一定の手続きや姿勢の変更、意識の変更が必要だったのが、そうした身体的動作や日常的な意識の変更をせずに、いつでも私たちは「世界」と向きあえるようになりました。このことが、日常生きていくうえで決定的な生活の「革新」をもたらしたと考えます。

なにか特別な手続きや意識の変化など一切不要で、いつでもどこででもネット「世界」を開き、自分自身をそこで遊ばせることができるとすれば、これはこのうえもない刺激や興奮をもたらす、えもいえぬ悦楽ではないでしょうか。こう考えてくれば、「歩きスマホ」は必然であり、当然の結果なのです。

日常的な道徳やエチケットとして、あるいは危険な事故を防ぐために「歩きスマホはやめましょう」と連呼することはできても、それだけで絶対「歩きスマホ」はなくならないでしょう。なぜなら、そうした規制の声が耳に入らないくらい、圧倒的に私たちは今、「世界」を携帯できる悦楽に魅了されてしまっているからです。「世界」を携帯できる悦楽に驚き、魅了されているかぎり、「歩きスマホ」は思いっきり自然な営みであり続けるでしょう。

では、どうなれば「歩きスマホ」はなくなっていくでしょうか。私は、こう夢想します。「世界」を携帯できること自体、特に驚くべきことでもないし、魅了されることでもない、その意味で陳腐で「あたりまえ」だという意識を私たちがもつこと。それができて初めて、「歩きスマホ」が日常生活に様々な支障をきたすということを、本当の意味で私たちは自らの〝腑に落とす〟ことができるのではないでしょうか。

▽日常にスマホが開けた「穴」

さて、社会学者の鈴木謙介は、「ウェブ社会」の特徴を「現実空間の多孔化」と呼び優れたユニークな分析をしています（鈴木謙介『ウェブ社会のゆくえ――〈多孔化〉した現実のなかで』NHKブックス、二〇一三年）。

「現実空間の多孔化」とはどのようなことを言っているのでしょうか。鈴木は「現実の空間に付随する意味の空間に無数の穴が開き、他の場所から意味＝情報が流入したり、逆に情報が流出したりする」ことを「空間的現実の多孔化」と呼び、「多孔化した現実空間においては、同じ空間に存在している人どうしが互いに別の意味へと接続されるため物理的空間の特権性が失われる」ことを「空間的現実の非特権化」と呼んでいます（前掲書、一三七ページ）。

二〇一六年七月に日本でも「Pokemon GO」が解禁され、日本中の人々がゲームにはまっています。あらゆる場所にポケモンが出現するため、さまざまなトラブルや事件も起こっています。たとえば広島市平和記念公園をポケモンの出現する場所から外してほしいという要請がなされました。原爆の子の像のまわりにスマホをかざした多くの人々が集まっている映像がテレビで流されていました。以前に比べ圧倒的に大勢の人々が原爆の子の像を見ているのです。しかし、彼らは原爆の子の像が本来持っている「意味」を見ていません。

こうした現象は、まさに鈴木のいう「空間的現実の非特権化」と言えるでしょう。それではなぜ広島市はこうした要請をしたのでしょうか。確かに多くの人々が平和記念公園に来ていることは事実です。しかし彼らにとって、この公園は、原爆が投下された広島についてや、ヒロシマの被爆という歴史的事実を考え、思いをはせる場所ではなく、ゲットしたいさまざまなポケモンが出現する魅力ある場所なのです。ゲームに熱中したい人々にとって、被爆を考えることは、ゲームを進めるうえで意味のないことです。彼らにとって、公園内を自由に動き回れ、より多くのポケモンをゲットできることが、なによりも重要なリアルさなのです。

つまり被爆の現実に触れ、その不条理や悲惨を学び、反核・平和へ思いをはせるという平和記念公園がもつ「意味」の「特権性」が、ゲームの仮想的な空間や現実に侵略され、その意味を喪失する危険にさらされているのです。確かに被爆をめぐる慰霊碑や痕跡は広島にとって重要な観光資源です。しかし被爆七〇年がすぎ、被爆の記憶をいかに継承していけるのかという深遠な課題を前にして、観光資源でありながらも被爆の歴史を反省し得る「特権性」を、それらがいかに維持し新たに創造できるかは、広島市など地元が真剣に模索している重要なテーマなのです。それなのに、あまりにも素朴かつお気楽な形で、その「特権性」が脅かされたからこそ、Pokemon GO は平和記念公園において、問題となったのです。

▽スマホに飼いならされないために

ところで鈴木がいう「多孔化した現実空間」は、まさにそのとおりだと思うのですが、私は別の意味で、スマホは、私たちの日常に新たに、大きく深くまさに「底知れない」、とんでもない「穴」をあけてしまったのではと考えています。

あたかも身体の一部と化したかのようなスマホ（＝「穴」）を通して、毎日毎時間、そして毎秒、圧倒的な質と量の情報が、私たちになだれ込んできます。そのなかには、歴史の事実を踏まえない虚偽の情報で特定の民族への嫌悪を煽(あお)り立てる悪意に満ちた情報もありますし、また私たちの欲望を見透かしたような「うまい話」もあります。もちろん現代社会、国際関係、国家、市民社会のありようを考えるうえで有用で時宜を得た情報も「穴」から入ってきます。玉石混交(ぎょくせきこんこう)の情報、つまり私たちが日常を気持ちよく生きていくうえで必要なものもまったく不要なものも含めてあらゆる質の情報が「穴」から私たちの日常へ、これでもかと侵入してくるのです。

もちろん、こうした事態はインターネットやスマホが社会に登場する以前から私たちを襲っていたものです。だからとりたてて新しい問題だと主張する必要はないかもしれません。しかし以前と比べ確実に異なっているのは、そうした情報が私たちにとって「意味あるもの」として認識され、その意味を私たちが反芻し、自分にとって有用か否かを判断するために与えられた「時間」が限られ、いわば瞬時のうちに情報の質を判断する「技量」が求められてきているという点です。

確かに、あらゆる情報を瞬時のうちに確認したり手に入れたりできることは、すごいことかもしれません。しかしスマホを身体の一部にしていながらも、私たちは「穴」という「穴」から入ってくる情報の真偽や背景、根拠などの「意味」を同じく瞬時のうちに判断し、情報を取捨選択できる力と技量を備えているのでしょうか。またそうした力と技量が私たちのなかで育ってきているのでしょうか。言い換えれば、玉石混交の情報の襲撃に対して、うろたえることなく冷静に向きあうことができるような情報への〝耐性〟を私たちは、いま十分に身につけてきているでしょうか。

本章の冒頭に、私たちはいまスマホに〝飼い慣らされて〟いると書きました。これは私の実感から出てきた表現なのですが。スマホを飼い慣らすのではなく、スマホに飼い慣らされているとすれば、まさに、それこそ、情報への〝耐性〟を身につけておらず、スマホからあふれ出る情報に翻弄されている私たちの現在の姿ではないでしょうか。

では、いかにしたら、情報への〝耐性〟を考え、自分なりに身につけていくことができるのでしょうか。

終日スマホとつきあうなかで、とりたてて目的もなく、ただ退屈をまぎらせるためにだけスマホに指を滑らせている自分の姿をいま一度確認してみてください。必要のない時間はスマホを切り、本を読んだり、別の営みをして、自らの情報をめぐるリテラシー（情報の質や意味を的確に判断できる能力）を高めていく、あるいはスマホを切り、いったん情報への依存を停止したうえで、自分の頭で、それまで自分が得てきた実践的な知だけを手がかりにして、いろいろなことについて思索する余裕を持つようにする、等々情報への〝耐性〟を養う試みは思い浮かびます。まずは、本書を読んでいるあなた自身がスマホからいったん距離をとって、日常を生きている自分の姿を考え直すことが第一なのです。

▽プライベートな領域の際限なき拡散を考えよう

今一つ、考えるべき重要な問題は、スマホという「穴」から自分自身のプライベートな領域が際限なく拡散していくことであり、それに伴うプライベートな領域が被るリスクや侵害をどう考えるべきかということです。

情報をめぐるリテラシーが、「穴」から入ってくる情報と私たちがいかに向き合うかを考える問題でした。これに対して、プライベートな領域の際限なき拡散と領域が被るリスクと侵害は、私たちが「穴」からどうしようもなく自分の情報が漏れ出していくことをどう考え、どう対処するのか、また自分の情報を外の世界に向けてどのように放出していくのかを考えるという次元の問題といえます。

「私は自分が好きな写真を〔インスタグラムに〕あげてきただけです。それをみなさんが気に入ってくれたことがとてもうれしいし、ありがたいです」

五〇〇万近くのフォロワーをもつインスタグラムの女王とされるタレントが先日テレビでこう語っていました。自分自身を被写体とした「好きな写真」をインスタグラムにあげ続けたと。それを見て楽しむのは、フォロワーの自由であって、私が与り知らないところだと。私はこのコメントを聞きながら、いろいろと考えていました。

もちろんタレントでありテレビなどで仕事をする以上、自分自身が多くの人々にどのように受け入れられ評価されるのかが大切だろう。だから自分の写真に対する批判や否定的な評価へのコメントはしないのだろう。コメント自体がさらなるタレントへの評価の源となることをよく知っている、したたかな姿だなと感じ入っていたのです。

しかし同時に、プライベートな領域をめぐる捉え方に驚いてもいたのです。自分の普段の姿を映像にとり、インスタグラムにあげ続けるとき、自分の私秘的な（私的でできれば秘密にしておきたい）世界や領域はどのように保たれているのだろうかと。それは、スマホという「穴」から意図的に自分の私的な姿を流出させる営みであり、いわば「穴」からプライベートな領域の中身は漏れ続け、外のより広い世界へ際限なく拡散し続ける営みと言えるのです。そうしたとき、自分自身をめぐる情報は、たとえて言えば際限なく膨張し続ける風船のなかにあるようなもので、私秘性を保つ「膜」はどんどん薄く、破れやすいものとなり、破れてしまえば、自分自身をめぐる剝き出しの情報が、悪意や嫉妬などさまざまな情緒に満ちた匿名の権力のもとにさらされる危険性が生じてしまうのです。

もちろん先にあげたタレントにとっての「膜」は限りなく薄くなる危険性はあるものの、決して破れることがない丈夫さやしなやかさを備えているのかもしれません。いったい彼女はどのようにして「膜」を鍛えあげていったのだろうか。さまざまに「膜」を脅かす危険と出会い、向きあうなかで、どのようにして破れないしなやかさが創造されていったのでしょうか。私は、そのことがとても気になります。そしてこれは、スマホと私たちの日常やスマホと私たちという存在との関係性を考えていくうえで、根本的な問いといえるのです。

おそらく、先にあげたタレントは、その答えを教えてくれることはないでしょう。また仮に「こうすればいい」と教えられるとしても、その答えは私たちすべてにあてはまる一般的で普遍的なものでもないでしょう。結局のところ、スマホが私たち一人一人異なる身体の一部と化してしまっている以上、私たち各々が自分にとっての「スマホのある日常」を、危機感をもって詳細に見直し、それを変革していかざるをえないのです。

さて本章の最後に、見直しをするときに考えるべき手がかりについて、語りたいと思います。それは、他者とたやすくつながれるというスマホをめぐる幻想であり、他者を理解する営みの核心にある〝距離〟と〝速度〟という手がかりです。

▽LINEと「井戸端会議」はどう違うのか

「自分自身の場合、親や友だちとの連絡、動画鑑賞、ゲームアプリ等の娯楽が不可欠な役割です。（中略）ＳＮＳは友だちでも知人でも知人ではない人でも誰とでもネットを通してつながることができます。僕はちなみにスマホを使って四年目なんですが、使い始めの頃はというと『絶対、ＬＩＮＥは業務連絡しかしないよ』なんて親や友だちに言ってました。それから四年たち、気づけば僕にとってＬＩＮＥは友だちとつながる絶好のアプリと化しました。↓情けない！（中略）つまり僕の心の中に誰かといつもつながっていたい、孤独な状態はいやだ！　ひとりはいやだというような感情・考えが不可欠なものにしてしまったから、ＳＮＳが使えるスマホがあたりまえのものになったのだと僕は思います」

私は、大学の講義でスマホ依存について話すことが多いのですが、ある男子学生は講義内容をうけて、レポートにこう書いていました。彼にとって、スマホは「あたりまえ」のものであり、ＬＩＮＥなどのソーシャルネットワークサービス（ＳＮＳ）を使って、つねに親しい人や知人、知人ではない人につながるための重要なメディアなのです。ゲームや動画鑑賞は、時間つぶしか暇つぶし、趣味の時間の延長線上でスマホとつきあっていると考えることができるでしょう。しかし、ＳＮＳを使って誰かとつながっていないと「孤独」であり、「孤独」はいやだ、という感情をもたざるをえなくなったというのは、まさにスマホが彼にもたらした固有の新たな「生の状態」だと思うのです。

ＬＩＮＥは確かに「業務連絡」するには、便利なツールです。ある集まりのなかでの情報伝達、情報共有を効率よく達成できると私も思います。「業務連絡」のツールであったはずが、彼のなかで、いつしか、ＬＩＮＥは親しい人、知人、赤の他人とつながるためのツールへと変貌していったようです。もっと言えば、つながるためではなく、「つながっていること」自体を確かめるためだけの、「つながっていたい」という意思や感情を確かめるだけのツールへと変貌していったのでしょう。

誰かとつながっていたいと思いLINEを使うとき、私たちはどのような話を相手にしているのでしょうか。別に大した話ではない、ただの雑談だし、いちいち覚えているほどの内容ではない、という返事が聞こえてきそうです。そんな長い文章は書かないし、面白いスタンプがいっぱいあるし、スタンプをうまく使えば、相手にいちいち言葉を使わなくても、自分の気持ちは伝わるし。こんな返事も聞こえてきそうです。話の中身じゃないよ、LINEでやりとりすること自体が面白いし、意味あることなんだ。こんな返事も聞こえてきそうです。いろいろな返事の可能性を考えていると、私のなかで「井戸端会議」という言葉が浮かんできました。

「井戸端会議」とは何でしょうか。近所に住んでいる奥さんたちが、井戸端に集まって、皿を洗ったり、野菜を洗ったり、洗濯したりしながら、雑談し、談笑する。そこにいない人の悪口や噂（うわさ）で盛り上がったり、そうかと思えば、普段の暮らしの厳しさやしんどさを愚痴る、その意味で重い雑談になったりする。いずれにしてもまさに親しい人や知人が集まり、つながる場であり、語り合うという実践でした。

「でした」と私は過去形で語っていますが、まさに過去の情景と言えるでしょう。なぜなら私たちの日常生活で、もはや「井戸」はあたりまえのものではないのです。でも私が子どもの頃であった昭和の時代までは生活の場に「井戸」は存在しました。炊事や洗濯など生活に必要な水を得るために、近所の人々は「井戸」を共有し、「井戸」を活用しました。当然のごとく、そこには人々が集まることになり、語り合いが生まれたのです。

ところで、相手と他愛もない話をしたり雑談しているという点でＬＩＮＥでのやりとりと「井戸端会議」は、同じでしょうか。私は大きく二つの点でこれらは異なっていると思います。

一つは、直接対面してやり取りしているか否かという点です。「井戸端」はまさに、近所の人たちが集まってくる場所で、人々は、お互いの様子や表情を確認しながら雑談します。このとき、相手の様子を見て、表情を見て、何を感じ、考えているのかを推し量りながら、楽しい話で盛り上がったりするものです。まさに直接的で対面的なコミュニケーションの醍醐味（だいごみ）や面白さが実感できるでしょう。

今一つは、そこで実際に暮らしている人々から決して切り離すことができない日常的な営みであるか否かという点です。先に述べたように「井戸」は暮らしに絶対欠かすことができない「水」を得ることができる重要な場所です。そして近所の人々は「水」を得るために「水」を使うために「井戸」に集まり、そこで「会議」が始まってしまうのです。すなわち「井戸端会議」とは、人々の暮らしに根ざし、人々の暮らしから遊離した、どこか遠い空間で起こる営みではなく、常に、人々の暮らしに根ざし、人々の生活臭や生活実感が充満した日常で起こる営みと言えます。もちろん近所の人と雑談したくて人々が「井戸端」に集まってくるからこそ「会議」が成り立っているのかもしれません。ただ、そこが暮らしに根ざした「井戸端」という象徴的な場所であり、直接的な対面のコミュニケーションが基本だという点でＬＩＮＥでのやりとりとは異質だと思うのです。

▽他者との〝距離〟や他者理解のための〝時間〟や〝速度〟を考えよう

このように書いてきて、私は別にＬＩＮＥでのやりとりがだめだと言いたいのではありません。問題はやはり先の男子学生がわかっているように、ＬＩＮＥというツールが他者との「つながり」それ自体を確認するために使われていることであり、ツールに自分自身が囚われＬＩＮＥでの「確認」に依存しないと他者との「つながり」を実感できなくなっている身体になっていることであり、また他者とどこかで「つながっていない」こと自体が「孤独」だと思い込んでしまっている姿なのです。

男子学生に私はこうたずねてみたいと思います。いつも何らかの形で他者と「つながって」いないと、本当に「孤独」なのでしょうか。ＬＩＮＥでやりとりすることであなたは本当に他者と「つながっている」と実感し安心しているのでしょうか。ＳＮＳを通した他者との「つながり」はあなたに「孤独」ではないどんな心の状態をもたらしているのでしょうか。そもそもあなたがイメージしている「孤独」とは、どのようなことをいい、他者との「つながり」とはどのような関係性のことをいうのでしょうか、等々。とりあえずこのあたりでやめておきますが、もっといろいろな形で問いかけることができるでしょう。

こうした問いに対して、私たちは、どのように考えていけばいいのでしょうか。はっきりしていることがあります。ＬＩＮＥにせよ、ツイッターにせよ、インスタグラムにせよ、ましてやスマホにせよ、それらは、あくまで便利な情報発信、情報収集、情報流通の技術であり道具にすぎないということです。こうした技術や道具に意志はありません。ＬＩＮＥが意志をもち、自分をないがしろに使った人間たちを「孤独」にしてやろうと考えれば、それはそれでなかなか怖いことだと思います。

問題は、やはりこうした道具を私たちがいかに使いこなすかであり、使いこなしの背後にある他者理解、他者とのコミュニケーションをどう考えるのかということなのです。

私はこう思います。親しい人たちといつでもどこでも簡単に「つながる」ことができるのは、無条件に喜ぶべきことであり、私が生きていくうえで楽しいことなのだろうかと。他者をどのように理解し、他者とどのように交信できるのかという問題を考える営みは、まさに社会学の中心を構成します。そして、ジンメルが喝破しているように、他者という問題を考える核心は、人間のあいだにある〝関係性〟であり〝距離〟なのです。

そして、さらに私がつけ加えたいのは、他者と交信し他者を理解しようとするときに、どうしてもかかってしまう〝時間〟であり〝速度〟なのです。インターネットで情報検索するとき、速ければ速いほど、便利だし、私たちはすごいなと思います。しかし他者と交信したり他者を理解しようとするとき、それにかかる速度や時間は、同じように速ければ速いほどいいのでしょうか。

他者と真に「つながりたい」。これは誰しもがもつ願いだと思います。この願いをかなえたいとき、私たちは、相手のことを慎重に時間をかけて考え、相手が何を感じ考えているのかをゆっくりと見つめ、想像し、相手の心や世界に至ろうとするのではないでしょうか。いわば情報検索のように他者と「さくさくと」つながることはできないのです。仮に「さくさくと」つながっていると自分が感じているとしても、その実感の中身をいま一度、見直す必要があるのではないかと思うのです。

他者と真に「つながりたい」という願い。それをかなえるためにも、こうした他者と自分とのあいだにある〝距離〟や〝時間〟を考えるべきだし他者理解のための〝速度〟を考えるべきです。そのうえで私たちがいかに他者と簡単には「つながれない」のかをじっくりと考える必要があるのです。

LINEで相手との短い言葉やスタンプのやりとりをいくら楽しめているとしても、そのことだけで他者と「つながりたい」という願いはかなえられないのです。

▽「わたし」らしさと「何者か」らしさ

「あなたらしくないねぇ」。こんなことを友人や周囲の人から言われたことがあるでしょうか。何か自分自身のふるまいや言葉に対して、まわりの人から返ってくる言葉として「あなたらしくない」と。

「あなた」つまり「わたし」らしさとは、いったい何なのでしょうか。それは「わたし」とはどのような人間で普段どのように語り、さまざまな状況でどうふるまっているのかなど、「わたし」をめぐり周囲の人が作り上げている知識であり、「わたし」を了解し、「わたし」という存在に対して相手が関係を切り結ぶうえで重要な拠(よ)りどころとなる「わたし」をめぐる理解や評価の束とでもいえるものです。

「わたし」らしさについて、自分自身も納得し、その中身を承認しているならば、「なるほど、言われるとおりだね」と返事をするだろうし、周囲からの評価に納得せず、違和感を覚えるならば、「なんでそんなことを言うの」と反論したくもなるのです。

いずれにしても「わたし」らしさとは、まさに自分という一人の人間存在がどのように生きているのか、生きるべきかという問いをめぐり作り上げられる実践的な知の束であり、「わたし」という人間存在をめぐる周囲の他者からの理解や評価から出来上がった独自の知といえるでしょう。だからこそ、広告のコピーなどでよく見かける「わたしらしさを磨こう」という言葉は、私たち一人一人に向けられていることはすぐに了解できるのです。

ところが、世の中には、「わたし」らしさとはまったく異質な「らしさ」が充満しています。それは私という個人の人格や人間性とは基本的に関係ないところからやってくる知の束であり、私たちに「何者か」を演じ、「何者か」らしく生きるよう、緩やかにしかし執拗(しつよう)に迫ってくるものなのです。

ミードは社会的自己は、「I」と「me」のダイナミクスだと語っていますが、他者の態度を引き受ける「me」こそ、「何者か」を演じ、「何者か」らしく適切に生きるうえでの重要な社会的な力であると同時に、私たちに典型的で過剰な「らしさ」を迫ってくる微細な権力でもあるのです。

本章では、世の中に充満している「らしさ」に含まれる問題について、ジェンダー（社会的文化的性差）をテーマとして考えます。ジェンダーから離れて生きることのできない、生きざるをえない私たちの日常にどのような問題が潜んでいるのかを考えながら、語っていきたいと思います。

▽「もっと男らしくしろ」への違和感

「もっと男らしくしろって、よく父親から言われました」。最近ゼミの男子学生からこんな言葉を聞くことがあります。「で、父親はどうだったの？」。「いや家ではふんぞりかえっていて、何もしなかったです」。「男らしくしろ」とよく言われた学生は、父親に対して、いい評価をしていないことが、この返事でよくわかります。

家で何もしないで「ふんぞりかえっている」父親にとって、「男らしさ」とは、ただ身体的、肉体的、性的な男性性のみを言っているのではないでしょう。彼の普段のふるまいから鑑みて、そこには父親自身が妥当だと考え生きている社会的文化的な男性性、いわばジェンダー的な「男らしさ」も自分の息子に要求しているのです。外で働き、家族を養ってこそ、男だ。だから俺のようにもっとたくましくなれ。外で働いているのだから、家のことや子育てや老親の面倒は、妻がやればいいんだ。いちいち家のことなんか気にするな。お前はもっと俺のことをよく見てたくましくなれ。「ふんぞりかえった」父親から、こんな声が聞こえてきそうだと私は思います。それに対して、明らかに男子学生は違和感を覚え、さらにいえば「自分はこのようになりたくない」と父親の姿を批判し否定的に捉(とら)えています。

もちろん、今の世の中で、すべてのことを自分一人でできるなどとは誰も思わないでしょう。状況に応じ、適切な役割をひきうけ、意識的そして無意識的に何かを行うことを通して、分業が維持されているのです。ですから私たちは、男性、女性という性別を「あたりまえ」のように引き受けるなかで、性別をめぐる分業もまた達成していると考えられます。

ただ「ふんぞりかえっている」父親という言葉が象徴するように、私たちの日常生活世界には、伝統的で因習的で、偏りが硬直してしまったような性別分業をめぐる実践や知が未だしっかりと息づいているのも現実です。

▽今も生きている男性支配的な性別分業

女性差別やジェンダーの偏りについて鋭く議論し調査研究してきた江原由美子は『ジェンダー秩序』（勁草書房、二〇〇一年）という本の中で、日常に生きている性別分業の本質的な問題性を明快に述べています。彼女の議論を詳細に追えば、なかなか大変なのですが、本質的な問題性だけをとりだせば、次のようになります。

性別分業とは、単に誰が何をすればいいのかを分けた項目リストではありません。それは、誰がどのような状況で誰に対して何をどのようにすべきかまで詳細に決められ、それを私たちに強いてくる微細ではあるが強固な力です。そして、私たちが日常「あたりまえ」のようにはまってしまっている性別分業の中核には、男性がいかに女性を微細かつ包括的に支配していけるのかをめぐる知や力が息づいています。

かつてインスタントラーメンのコマーシャルで「私作る人、あなた食べる人」というコピーが問題になったことがありました。仲のよさそうなカップルが登場し、女性が男性のためにおいしいラーメンを作るのです。好きな相手のために、安くておいしいものを提供できることのうれしさが、コマーシャルからはあふれていたのかもしれません。しかし相手への愛情という次元と、平板で硬直した性別分業が確認されるという次元は、まったく別の問題です。だからこそ、このコピーは、食事を作り家事をするのは女性の仕事という因習的な女性観を固定化するものだと強く批判をあびたのです。

では、いまは、男性が家事に参加しているのを見せるコマーシャルも多く、男はソト、女はウチという固定した性別観は意味をなくしているといえるのでしょうか。確かに家電のコマーシャルで男性俳優が主夫を演じている一連のものがあり、コマーシャルにみられる性別分業の姿は以前に比べ、大きく変化しているといえるかもしれません、でも私は今この文章を書きながら、頻繁にテレビで見る、あるコマーシャルを思い出しています。

テーブルの中央に置かれた大皿に盛られた回鍋肉(ホイコーロー)を奪い合いながらうまそうに食べる父親と娘。最後の一切れの肉の取り合いに負けた父親が悔しそうに娘を見、娘は肉をうまそうにほおばるのです。次の瞬間、母親が、台所からフライパンいっぱいのできたての回鍋肉をもってきて、空になっている大皿にこれでもかと盛り、父親と娘は満足そうに再び回鍋肉を奪い合うのです。なぜ食事の場面に父親と娘だけが食べているのでしょうか。なぜ母親は一緒に食事をしないで、彼らに料理を作り続けているのでしょうか。

かつてのような素朴なコピーはどこにもありませんが、このコマーシャルが描く食卓の日常には「私作る人、あなた（たち）食べる人」という平板で硬直した性別分業が見事に生き続けているように見えるのです。

▽「イクメン」はあって、なぜ「イクジョ」はないのか

「イクメン」という言葉があります。育児を積極的に分担する男性のことをあらわす言葉として、新聞雑誌などメディアでよく見かけます。実は、私は、この言葉に違和感を覚えています。パートナーに全部まかせっきりにせず、できるだけ自分も育児にかかわる男性は、最近増えてきているし、そうした男性を評価しつつ、軽やかに、かっこよく呼ぶ言葉として「イクメン」が考え出されたのでしょう。

かっこよくイケてる男性のことを「イケメン」と呼び、その語呂合わせで「育児をす

る男たち」＝「イクメン」となったのでしょう。もちろん、私はこうした呼称がどんどん増殖し、結果的に、伝統的で因習的な性別分業イメージが壊れ、より多様で多彩な男女協働のありかたが実現していけば、それにこしたことはないだろうと思います。

しかし他方で男性が育児に参加すること、積極的に育児作業を分担することは、そんなに軽やかでかっこいいことなのだろうか、とも思うのです。赤ちゃんがうんちをすれば、場所など気にしないで、できるだけ迅速におむつを換えないといけません。尿がたまったゴワゴワの紙おむつも放置などできず、気づけばすぐに新しいものに換えなければなりません。母乳で育てていれば、父親は、冷蔵庫に一回分に小分けし冷凍された母乳を取り出し、時間になれば解凍して乳をあげなければならないし、夜中、数時間ごとに起きて泣く赤ちゃんに自分も起きて対応しなければなりません。「イクメン」を紹介する雑誌グラビアのように、バギーに赤ちゃんを乗せて公園をかっこよく散歩しているだけでは、男性が子育てに参加していることになど決してならないのです。

もちろん、実際に育児を実践している男性のほとんどは、それまで女性しか実感しえなかった育児の大変さや育児の奥深さを体験することになるし、だからこそ子育てをパートナーと共にしていく重要さを実感できていると思うのです。さらに言えば、そうした男性であれば、自分のことを「イクメン」だとことさら呼ぶ必要もないし、そうした世の中からの評価とは一線を画したところで、いかに上手に効率よく、かつ丁寧に子育てを実践していけばいいかを常に自分で考え工夫しているでしょう。

つまり、育児に本気でかかわっている男性にとっては、育児は「特別なできごと」などではなく、まさに自分が会社での仕事やほかの出来事とかかわっていくのと同じくらい「あたりまえ」な日常のワンシーンだと言えるのです。

「イクメン」という言葉から覚える違和感。それは、この「あたりまえ」のこととしての育児と「イクメン」という言葉が発するニュアンスの落差から来ているのです。この言葉からは、育児に参加する男性は、それだけで何か特別ですばらしいことをしているのだ、だからこそ多くの男性は、特別な評価を得るためにも、育児に参加すべきではないか、といったニュアンスが感じ取れるからなのです。

もちろん、現在においてもまだまだ、育児や子育て、子どもの教育に対する男性の参加、協働は不十分だと言えます。だからこそ、「イクメン」という言葉はうまく使えば、一人でも多くの男性を「育児という深い世界」に誘い込む誘蛾灯（ゆうがとう）の役割を果たせるかもしれません。でも本当は、男性の育児参加、育児分担は、ことさら特別に呼ぶ必要もなく、「あたりまえ」のことになり、こうした言葉が意味をもたなくなる日常になってこそ、性別分業がもつ両性にとってバランスが取れた本来の意味が、男性にも腑（ふ）に落ちていくのではないでしょうか。残念ながら、まだ性別分業のバランスは達成されていません。その証拠に、育児をする女性を誰もことさら「イクジョ」とは呼ばないのですから。

▽女性問題は男性問題である

では、性別をめぐり、豊かなわたし「らしさ」が生きる日常を創造するにはどうしたらいいでしょうか。その方向性は、はっきりとしています。いまの男性支配的な性別分業のあり方を根底から考え直し、つくりかえるという方向です。性差別や性支配の社会や日常を批判し女性の解放をめざしたフェミニズム運動や諸々（もろもろ）の理論の影響を受けた社会学や家族問題研究など、すでに数多くの研究成果がこの方向性を何度も確認しているし、この方向で社会を変えていく意義を主張し続けてきています。

まず世の中を具体的に変えていくためには、世の中のかたちを規制し、統御するための装置である法律を変える必要があるでしょう。本書は、法律について語ろうとするものではないので、詳しくは書きませんが、たとえば一定額の年収を超えれば、パートナーの扶養家族に入れないという法律が存在しています。そのため妻が夫の扶養からはずれて働くとしても、被扶養者としての税金をめぐる優遇措置はなくなり、新たな社会保険料の負担など経済的な負担が増大するため、家計は一気に苦しくなります。そうした事態を避けるには、結果として妻は、制限内の年収で収まるようなパート労働を選択せざるをえないのです。女性はパートナーや子どもとともに暮らしながら、自分が思うように働きたいと願っても、簡単には実現できないように、まださまざまな形で法律が縛りをかけているのです。

「女性が輝く社会」、「一億総活躍社会」など、いまの政権（二〇一六年当時）は、心地よく響くが中身のない空疎なスローガンばかり語っています。しかし本当に女性が「輝き」、誰もが自分が暮らしたいという場で「活躍」できる社会を実現したいと思うのであれば、たとえば女性が自由に働けない「縛り」となっている法律を一つずつ洗い出し、その是非を論じ、不要な法律はなくし、必要な新たな法律をつくっていくべきでしょう。そうした政治を積極的に進めようともしないいまの政権が大事にしたいのは、やはり伝統的で因習的な「らしさ」が息づいている社会ではないだろうかと思います。だからこそ、女性が「輝く」といっても、それはあくまで私たちにとって「あたりまえ」として息づいている男性支配的な日常が覆されることが前提になっているようです。法律に限らず、周到で抗(あらが)いがたいさまざまな日常的な性別をめぐる「縛り」がかかったままで、真に女性は輝くことができるのでしょうか。

　さらに法律という「縛り」を変えるためには、より日常的で私たちが広汎に捉えられている性別をめぐる「あたりまえ」つまり女らしさ・男らしさをめぐる「常識」を変えていく必要があります。この「常識」の見直し、変革という営みは、実は私たち一人一人が自らの暮らしを点検するなかで進めていける重要なものなのです。そうは言いつつも私は、こう考えています。

　男性支配的な性別のあり方を考え直すのは、他でもない男性自身がやるべき作業であり、男性が進めるからこそ価値がある作業だと。女性の生き方や家族のあり方を研究する社会学の世界では「常識」となっているのですが、女性問題とは男性問題なのです。男性が変わらないかぎり、女性も変われないし、私たちの日常も、より豊かな「らしさ」を創造し、実践できるようには、変わっていかないのです。

▽「実質的平等」を志向する：豊かな「らしさ」を創造するために

では、男性支配的な性別分業のあり方を日常の暮らしの次元から考え直そうとするとき、よく言われるように「男女平等に」でいいのでしょうか。

若い頃、私は同じ社会学研究者の友人からよくこうした言葉を聞きました。「私は女性問題も理解しているし、妻の苦労もよくわかる。だからこそ私は妻ときちんと平等に家事を分担しているんだ」と。こう語る友だちは、自分のしていることをどこか誇らしげに語っているようにも見えました。

実は私は、眉に唾をつけながら、友人の話を聞いていたのです。ふーん、平等に家事を分担ねぇ、今の世の中、男女が平等に暮らせるようにできていないのだから、家事だけを平等に分担すれば、それであなたと奥さんの関係は対等なのかねぇ、と。でもそのことを言えば、相手は気色ばんで反論してきそうな感じなので、「そうですか、家事分担は男女関係を考える重要なきっかけだし、それはいいですね。でも家事分担だけ平等にしても、仕方ないしね」と、相手の努力は認めながら、ちょっとばかりからかってい たのです。

なぜからかってみたくなったのでしょうか。友人の言葉には家事分担をめぐる「形式的平等」と家事分担という「いいこと」をしている自分を評価してほしいという、いわば自分の姿への承認欲求がにじみ出ていたからです。考えてみれば、これも先にお話しした「イクメン」と根っこは同じなのです。

家事や育児、教育、介護など「ひと」をつくり「ひと」を世話する重要な労働をパートナーと分担することは必須です。でも「私はこれをするから、あなたはこれをして」という分担や「それぞれの生活時間のうち同じ時間だけ家事にあてよう」という形式的な分担だけでは、お互いがどのように一人の人間として働き、生きていきたいのかを考え、互いに配慮し、共に模索し、協働していくという「実質的な平等」、「対等な関係」をめざす暮らしは実現できないからです。

では、共に暮らしたいと思うパートナーと「実質的な平等」をつくりあげるには、どうしたらいいでしょうか。こうすればいいという定番で定型的なマニュアルなどないと私は思っています。そうではなく、私たち一人一人が、目の前にいる親しい他者であるパートナーとどのような関係をつくりあげるのかを常に考え、自分の生活の場で、実質的な不平等や抑圧をできるだけ無効なものにしようと絶えず試行錯誤し、模索していくという営みこそが重要ではないでしょうか。

シュッツは、日常を「あたりまえ」に生きるうえで、他者を類型として了解し、その場その場をやりすごすための処方箋としての実践的な知が重要だと語っています。確かに処方箋的知による他者理解は必要であり重要です。しかし、たとえば夫婦が日常の場面でお互いを「妻―夫」「母親―父親」という類型だけで相手とやりとりするとすれば、そうした場面や互いの姿勢がいかに問題かは分かるのではないでしょうか。いわば「冷え切った夫婦関係」「割り切った夫婦関係」「醒め切った夫婦関係」と言えるかもしれません。

しかし他方、私たちは「いま、ここ」で生身の身体として、トータルな存在としてのあなたと出会えるのです。そうした出会いのなかで、パートナーが夫婦関係や親子関係、家事、育児、教育、介護などでいかに大変で苦しんでいるのかもまた感じ取る「余地」が十分にあるのです。

女性への抑圧や不平等が制度的に仕組まれている社会、「男はソト、女はウチ」という言葉に象徴されるような伝統的で因習的な「らしさ」の常識がしっかりと息づいている日常はなかなか頑強で、手ごわいものです。

でもそうした社会や日常を生きていることに私たちがあきらめてしまったら、その時点で終了なのです。私が勤務している大学には学生へ就職活動を頑張るよう呼びかけるメッセージが就職課に掲示されています。「あきらめたら（その時点で）終了ですよ」と。それと同じです。

いまこれを読んでくれている若い男性たちにとくに言いたいです。過剰で、偏った「男らしさ」には気をつけろと。

はたしてその「男らしさ」とは、女性と共に生きていくうえで互いに必要な「らしさ」だろうか。女性を支配し、自分のものにしたいという欲望を満たすうえで必要だとして、その「らしさ」を実践することで、自分の人間としての価値や意義は高まっていくのだろうか。仮にその「男らしさ」を実践することで、自分の生活が充実するという実感がわくとして、はたしてその実感は誰かの犠牲や誰かの我慢のもとで成り立っていないだろうか。

こうしたことを、あきらめないで、ゆっくりじっくりと考え、まわりからやんわりと、しかし執拗に自らに強いられる「らしさ」をめぐる知や力を考え直し、相対化していく営みの先に初めて、豊かな「らしさ」を創造する可能性がみえてくるのです。

▽「LGBT」という記号

ところで、今まで男性や女性の「らしさ」をめぐり語ってきました。この章を終えるにあたり、少し視点をずらして、もう一つ別の大事なものの見方について考えてみたいと思います。

いま性的少数者をめぐる問題に人々の関心が向いています。大学の私のゼミでも、毎年、性的少数者をめぐる問題で卒業論文をまとめたいという学生が必ず出てきます。もちろん、この問題は今に始まったことではなく、ずっと昔から私たちの性をめぐる日常を考えるうえで重要なものとして位置づけられてきています。でも最近になり、マスメディアの報道などでも目立つような印象を受けるのです。なぜでしょうか。

まず言えることは、性的少数である当事者たちが、ホモフォビア（同性愛嫌悪、同性愛忌避）という差別や排除に対抗し、自らの〝生きづらさ〟を黙ってやり過ごすのではなく、世の中の多くの人々にとっても考えるべき重要な問題として公に主張し、異議申し立てをしてきているという事実があるからでしょう。そしてそうした事実を伝え、この問題を考え、語るという次元で言えば、〝便利な言葉〟が使われるようになったからでしょうか。

それは「ＬＧＢＴ」という言葉です。新聞報道でも「ＬＧＢＴの人たち」のような形で、さかんに使われています。Ｌ＝Lesbian（レズビアン）、女性同性愛。Ｇ＝Gay（ゲイ）、男性同性愛。Ｂ＝Bisexual（バイセクシャル）、両性愛。Ｔ＝Transgender（トランスジェンダー）、性をめぐり心と体に違和があること。多様な性を生きる人を示す英語の頭文字を並べた略号であり、異性愛を「あたりまえ」とする人々から性的少数者をくりだす記号として使われているのです。

確かに、ゲイ、ホモセクシュアル、レズビアンといった言葉は、私たちの「あたりまえ」の知の中で、すでにさまざまに偏った意味という〝垢(あか)〟がまとわりついており、その〝垢〟を落として使うのはなかなか難しいと言えるでしょう。それに対して、LGBTという記号は、あたかも該当する人々を客観的で中立的に指し示しているような印象を与え、使いやすいのかもしれません。でも、そうした印象は、まさに印象にしか過ぎないのです。今後、「LGBTの人たち」という言葉に、どのような新たな偏見や偏った理解がまとわりつくのか、この新たな記号にどのような〝垢〟をまみれさせてしまうのかは、まさに私たちの「あたりまえ」の知をどうつくりかえることができるのか、またできないのかにかかっているのです。

▽性的少数者であるが、「マイノリティ」ではない

こう考えてきて、私は以前、「目からうろこが落ちる」体験をしたことを思い出します。

筑波(つくば)大学に勤めていた頃、ある男子学生が私のところに大学院進学の相談にきました。

彼は自分がゲイであり、普段からゲイであることを明らかにして生きていること、大学院で同性愛をめぐる問題を社会学的に研究したいことなどを話しました。

私は彼に性的マイノリティの当事者として、この問題についてどう考えたいのかと問うたところ、彼は「普段私は、自分がマイノリティであると思ったことがあまりない」と答えたのです。どういうこと？　と私が問い返すと、彼は自分の日常について少しだけ話してくれました。

「私の大学には、ゲイのサークルがあるのですが、普段私もそこによく行って友だちと話したり、活動したりしています。そしてそのサークルには一〇〇人以上のメンバーがいるのです。だからみんなと一緒にいると、自分がマイノリティだなどとあまり感じることはないのです」

彼は都内にあるマンモス私学に通う学生でした。改めて話を聞いて、なるほどと、私は目からうろこが落ちたのです。学生数が一万人を超えるような大学では、ゲイのサークルにメンバーが一〇〇人以上いたとしても、何の不思議もないのです。そして実際にそれだけ多くの仲間や友だちと普段から交流があれば、自分のことを「マイノリティ」

だとは思わないでしょう。

性的少数者であるが、「マイノリティ」ではない。男子学生の話を思い返しながら、私は、普段私たちがあまり深く考えることなく、彼らのことを「性的マイノリティ」と呼んでしまっている事実がもつ意味について考えています。

ある人々を「マイノリティ」だと考えたり呼んだりするとき、私たちはどこにいるのでしょうか。端的に言って、私たちは自分のことを「マジョリティ」の中の一人だと考え、「マジョリティ」の中にいるのです。ただそれは少ない多いという数だけの次元ではないのです。マジョリティ、つまり世の中の大多数の人々が含まれているという〝くくり〟の中で息づいている支配的なものの見方や価値観を信奉し、守るべき規範などを遵守しながら、自分たちとは異質な存在として、私たちは、ある人々を「マイノリティ」だと考えているのです。

もちろん、私たちが、マジョリティの中の一人として、支配的な現実理解や現実解釈をめぐる価値などさまざまな知に依拠して、考え、感じ、ふるまうこと自体、まさに「あたりまえ」であり、自然なことかもしれません。ただ問題なのは、私たちが「あたりまえ」のように遵守し準拠してしまう支配的な知のなかにこそ、自分たちとは異質な存在である少数者への恣意的で、非合理的な〝思いこみ〟や〝決めつけ〟がたっぷりと息づいていることなのです。そして、もう一人の人間、もう一人の他者として性的少数者と向きあい、交信し、交流するうえでいかに邪魔になっているのかを深く考えることもなく、こうした〝思いこみ〟や〝決めつけ〟を軽い気持ちで常識的知のなかで放置してしまっていることこそが問題なのです。

確かに今も同性愛などの性的少数者に対して、露骨な嫌悪や忌避感を示す人はいると思います。でもセクシュアリティやジェンダー理解をめぐる最近の大きな変動のなかで、彼らに対する私たちの理解や姿勢、構えも大きく変動しつつあるように思います。露骨な排除や嫌悪を示すことは、一人の人間として恥ずかしいことだという認識も広がって来ているのではないでしょうか。

だからこそ、今、男子学生が軽やかに、でもしっかりと意味を込め私に語った「性的少数者であるが、『マイノリティ』ではない」という言葉が何を意味し、何を訴えているのかを、私たちはじっくりと考えてみるべきだと思うのです。

第5章　「ちがい」がある他者とどう出会えるのか

▽〝ジンショー〟って使ったことがありますか

私は大学で文化社会学を講義しています。日常的な差別や排除と向きあい、それをなんとか変えていこうという姿勢こそ文化を考える基本であり、より心地よい文化を創造していくうえでの始まりだと思い、差別問題を中心に話をしています。

ときに受講生にレポートを書いてもらいますが、これまで〝ジンショー〟という言葉に割と頻繁に出会ってきました。小学校や中学校、高校の頃、動作ののろい子や他の人に比べ反応がゆっくりであったり、鈍い子に対して、この言葉を投げつけ、からかっていたという中身がほとんどです。レポートを書いた学生は、かつて友だちづきあいのさまざまな関係の中で、ある子をからかったり馬鹿にしたりする時、この言葉を使っていた、また使われるのを黙って見ていたと語ります。そして、ただ何気なく、軽くからかったりするだけで、まさか相手を完璧に〝分け隔てる〟意図はなくこの言葉を使っていたとレポートでふりかえっています。

しかし、日常的な差別や排除とは何かを講義を通して考えるなかで、その行為がもっていた重大さに気づき、もうしわけないことをしていたという意味を込めて、レポートを書いている学生は、当時の行為や友だち関係を見直しているのです。

〝シンショー〟という言葉。それは明らかに身体障害者の略称である「身障」という言葉に由来しています。もちろんこの言葉はどのような文脈で使われるのかを考えないでそれだけとりだせば単なる略称でしょう。しかし、言葉はまさに生き物なのです。自分たちが普段「あたりまえ」だと思う基準から考えて、はずれている他者をからかい、馬鹿にして、自分たちが相手から常により高見に立って日常を過ごせるようにこの言葉が使われているのです。

▽〝シンショー〟がもつ二重の差別性とは

でもなぜ、〝シンショー〟という言葉なのでしょうか。おまえの動作をみているとどんくさいし、なんか「障害者」みたいだと。そのことを表現するのに「障害者」という言葉をそのまま使えば、「障害者」ではない相手に対する強引な決めつけであり、なぜそう言えるのかなど、その言葉で相手を決めつける理由や責任などの説明が、言葉を使う側に生じてくることになり、まさに〝軽い気持ち〟でからかえなくなってしまうのです。

たとえば、「おれは障害者とちがうぞ。なんでそんなこと言われなあかんねん」と相手から言い返された時、相手に対するこの言葉のなげつけは、単なるからかいの域を超えてしまいます。だからこそ、わざわざ〝シンショー〟という略称を使い、「障害者」ではないけど、自分たちとは違うし、違っているところがまさにお前自身の問題ある部分であり、からかわれているネタなんだぞと、日常的なやり取りの中で、その差別的な意味合いをいわば宙ぶらりんの状態にして、あいまいなままにしていくのです。つまり「おれはシンショーと違うぞ。なんでそんなこと言われなあかんねん」という反論があるとしても、「やーい、シンショー」と連呼していれば、からかいはからかいとしてその場で成立していくのです。

もちろん、今これを読んでいる多くのあなたは、この言葉がもつ二重の差別性をよくわかっているだろうと思います。

一つは、自分たちの基準に見合わない相手をこの言葉を使って〝分け隔てていく〟ということです。

そして今一つは、もっと根深い差別性とでも言えるのですが、〝シンショー〟という言葉にこめられた意味に息づいているものなのです。〝シンショー〟とは単なる略称ではありません。そこには、身体障害者そして障害者は、自分たちの「あたりまえ」の基準から外れているし、そうした了解のもとに、障害ある人々を「このような存在に違いない」との思いこみや決めつけが息づいているのです。そしてこの略称は、自分たちが高見に立って、障害ある人々すべてを〝分け隔てていく〟ために生み出されているし、そのような意味を確認しながら、身近な誰かを馬鹿にするために、普段の場面で使われているのです。

つまり、この略称は日常的に使われることで、目の前にいる誰かをからかうだけでなく、目の前にいない、数多くの障害ある人々を馬鹿にし、からかい、その存在をまるごと決めつけ、〝分け隔てていく〟ことになるのです。

さて、この章では「ちがい」がある他者とどう向き合えるのかというテーマを考えてみたいと思います。特に障害という「ちがい」をめぐり、私が他者とどう出会えるのかを考えてみましょう。

▽障害者という問題を考えるための二つの「基本」

大学の講義で障害者という問題を考えるうえで、私はいつも、二つの基本について話しています。それらは、これまでの世界的に大きな二つの流れでもあり、この問題と自分自身の日常とのかかわりを考えていくのに必要なものの見方なのです。

一つは、ノーマライゼーション（normalization）であり、今一つはメインストリーミング（main streaming）です。

▽ノーマライゼーション――「あたりまえ」の社会づくり

ノーマライゼーションとは何のことでしょうか。辞書を引けば、正常にすること、正常化といった訳語が見つかるでしょう。でも何のことかはピンとはきません。いったい何を「正常にする」のだろうか。何が「正常ではない」のだろうかと。でも答えは割と簡単にみつかります。それは社会であり、私たちが普段暮らしている世の中なのです。

たとえば、身体に障害がある人が、今の社会で「あたりまえ」に暮らしていけているでしょうか。かつてに比べ、かなり暮らしやすくなったかもしれません。でも目が見えないということで、買い物に不自由したり、歩けないことで、交通手段を自在に乗りこなすことに不便さを強いられることは今もあるでしょう。

ノーマライゼーションとは、こうした現実に照らして社会を「正常な状態にかえよう」という発想であり、ものの見方であり、思想です。障害ある人が日常を暮していくうえで、何らかの不便さや生きづらさがあるとしても、その原因をその人の存在自体に求めません。つまり、目が見えないという障害をもっていることこそが、買い物を不自由にしているのだという考えではありません。そうではなく、目の見えない人が自由に買い物をできていない社会こそが問題であり、彼らがこうむる不便さ、不自由さ、生きづらさの原因は社会に在るのだという発想や考え方なのです。

障害ある人にとっては、不便さや生きづらさを強いているのは、ほかでもない、「正常でない」今の社会や世の中なのです。だからこそ社会や世の中を「正常な状態」にする必要がでてくるのです。

私は、ノーマライゼーションのことを、「あたりまえ」の社会づくり、と説明しています。障害ある人々も「あたりまえ」に暮らすことができる社会をいかに実現できるのかが、考えるべきそして解くべき問題となります。

▽メインストリーミング——社会の主要な流れの中へ

メインストリーミングとは何のことでしょうか。メインストリーミングとは、社会の主要な流れの中へ、という意味です。ではいったい誰が主要な流れの中へ入り込んでいくのでしょうか。いうまでもなく障害ある人々がその主語となります。

この言葉は、これまで社会の片隅に追いやられていたり、社会の周辺で生きざるを得なかった障害ある人々が、自らに対する差別や排除に正面から異議を申し立て、さまざまな活動を進めるなかで、自らが一人の市民、一人の人間として生きていくために、社会の中心へ、社会の主要な部分や主要な流れの中へ、自らの存在を投げ入れていく動きを象徴する言葉です。つまりこの言葉が象徴する動きが、障害ある人々の当事者運動であり、当事者が社会に積極的に働きかけることで社会を変えていこうとする運動なのです。そしてこの当事者運動は、先に述べたノーマライゼーションを現実のものとする重要な取り組みでもあるのです。

それでは、社会の周辺に生きざるを得ないとは、具体的にどのようなことなのでしょうか。

今、これを書きながら、数年前に、ある巨大な福祉施設へ講演に行ったときのことを思い出します。その施設は、駅から少し離れた山の中にありました。入り口にはとてもきれいな高齢者対応の生活ホームがあります。各階で色調が調えられ、フロアも清潔ですごしやすく、お年寄りたちがそこで楽しそうに暮らしていました。

他の建物も案内しましょうということで、山の高みへ登っていきます。建物ごとに、そこで暮している人々の障害が重度になっていくようでした。新たな建物へ案内されるごとに、そこの空気が変わっていくことに気づきます。なにか学校の保健室のようなにおいが満ちていくのです。

最も重度の障害あるお年寄りが暮している建物に案内されました。一人のおばあさんが廊下に座り込み、介護スタッフの言うことを聞かず何か声を荒らげています。建物全体に、クレゾールのにおいが満ちています。一人ずつ個室になっているのですが、ベッドが半分以上占める狭い空間で、扉には外から部屋をのぞくことが出来る小さな窓しかありません。そうした個室で障害のあるお年寄りがベッドに黙って座り込んでいるのです。いったいここにはどんな日常の暮らしがあるのだろうかと思わず首を傾げざるをえませんでした。

おそらく、一人一人に個別の事情があり、この建物で暮しているのでしょう。でもこの巨大な施設に来てもこの場所を訪れることがないかぎり、敷地内の奥まった山の高いところに重度の障害あるお年寄りが個室に分けられて暮しているという事実は、誰にもわからないだろうと思いますし、福祉施設が存在する地域の人々もほとんど知らないでしょう。つまり彼らは、普段そこで暮していることに周囲の関心や注意が向けられないまま、社会の周辺にまとめられ、生きているということになるのです。

実はこうした情景は、かつての日本社会において、特別なことではなかったのです。

いわば当時を生きていた私たちにとっては「あたりまえ」の情景だったといえるでしょう。しかし社会の片隅に追いやられ、管理される当事者たちにとっては、たまったものではないでしょう。だからこそ、彼らは、自分たちを「障害者」として管理し排除し、差別する「あたりまえ」な日常に対して、さまざまに抗議の声をあげ、異議を申し立て、彼らにとって生きづらい「あたりまえ」の知や規範、思想に闘いを挑み、それらをつくりかえようとしてきたのです。

日本において、障害者解放運動の長い歴史があります。ここでそれをすべてふりかえることはできませんが、現在においてもなお「あたりまえ」の日常をつくりかえるための輝きが少しも衰えることのない考え方について語っておきたいと思います。

▽「われらは愛と正義を否定する」

「われらは愛と正義を否定する」。なにかSF映画やアニメの悪の帝王か絶対的な悪の象徴が語るような言葉ですが、そうではありません。一九七〇年代以降、社会の変革を訴え障害ある当事者が「人間であること」をめぐり急進的な主張をしてきました。なかでも、さまざまに実践を続けてきたＣＰ者（脳性マヒ者）の運動団体である「青い芝の会」があります。この言葉は「青い芝の会」が掲げた行動綱領の一つなのです。障害者問題において、この行動綱領がもつ意味を考えることは基本中の基本と言えるでしょう。

行動綱領には、この他に、「われらは、自らがＣＰ者（脳性マヒ者）であることを自覚する」「われらは、強烈な自己主張を行う」「われらは、問題解決の路を選ばない」「われらは、健全者文明を否定する」という言葉が書かれています。障害者であることを自覚し、愛と正義を否定し、強烈な自己主張を行いながらも、問題解決の路を選ばず、健全者文明を否定するのだと。

彼らはなぜこのようなラディカルな主張をしたのでしょうか。それはある事件がきっかけでした。一九七〇年、障害ある自分の子を母親が殺すという事件が起こります。当然、母親は殺人の罪に問われ、裁判が行われます。すると、自分の子を殺したことは間違いだが、障害児を一人で育てる大変さや苦労は計り知れないものがある。その点は大いに同情すべきだし、母親の心中を察し、大変さを考慮して減刑をしてほしい。そのような考えや想（おも）いから、母親に対する減刑嘆願がよせられるのです。こうした世間の動きに心底から怒りを覚えたのが障害ある当事者たちでした。

子育ての大変さに耐えかねて、障害ある我が子を殺したというのか。ではその大変さの元になっている障害ある子がいなければ、よかったのか。重度障害児は殺されるのが当然なのか。

自分たちの存在をいとも簡単に否定していく当時の世の中の「あたりまえ」な思いに対して、青い芝の会のメンバーは自らの存在をまるごと投げ出して、異議申し立てをしていくのです。当時の状況を記録し、彼らの思想や人生を描いた『さようならＣＰ』（原一男監督、一九七二年）という優れたドキュメンタリーがあります。駅前で通り過ぎる人々にビラをまき、カンパを集める彼らの姿。彼らを遠巻きに眺める多くの人々。ドキュメンタリーではカンパした人々に、なぜカンパをしたのかを問い、その声が映像に重なっていきます。さまざまな理由が語られているのですが、繰り返し出てくる言葉が「かわいそうだから」「お気の毒ですよねぇ」であり、「私たちは五体満足でありがたいです。だからあの人たちが不幸で、かわいそうで、なんとかしてあげなくては」なのです。

最初の言葉に戻りましょう。障害ある当事者が否定しようとする愛と正義は文字通りのものではないのです。彼らを「かわいそう」だと決めつけ同情、憐憫（れんびん）の対象としかみようとしない「愛」であり、自分の価値感やいる場所を一切変えることなく、高みに立ったところから「かわいそうな」存在である彼らに「救いの手」をさしのべようとする営みが「善きこと」であるという「正義」なのです。

障害ある人々を「もう一人の他者」として考え、硬直した偏見や偏狭な思いこみから解き放たれ、その場その場で自由に他者として関係のありようを構想できる社会が「あたりまえ」の社会とするならば、行動綱領で示されている「愛」と「正義」は、彼らを「もう一人の他者」として決してみようとしない感情や価値であり、まさにゆがめられたものと言えるのではないでしょうか。そしてこうした「愛」と「正義」がまっとうなものとして息づいている多くの健常な人々を中心にしてできあがっている文明（「健全者文明」）もまた、障害ある人々の〝生きづらさ〟を生み出す元凶といえるのです。

二〇一六年四月に日本では障害者差別解消法が施行されました。さまざまな差別や排除現象について動きがとことん鈍い日本の政治状況にあって、この変化はやはり注目すべきでしょう。日本においても、海外から入ってきた障害者の自立生活運動や障害者の自立をめぐる思想や実践が、この間かなり進展し、私たちの日常的な意識や常識的な知のなかに「もう一人の他者」として障害ある人々を考えることの意味や価値が少しずつ根づいてきていると思います。

ただ、障害ある人々を同情・憐憫の対象としてしかみない「愛」と「正義」の裏に息づいている彼らへの差別や排除のまなざしを常に思い返すことこそ、彼らと私自身との関係性を考える基本なのです。そのことを青い芝の会の行動綱領は今もなお、先鋭に主張し続けているのです。

さて、問題を考える基本について語ったので、少し話題を変えてみましょう。

▽障害者スポーツは障害者のためのスポーツなのだろうか

最近は、昔に比べ障害者スポーツへの注目度がかなり高まってきています。先日もパラアスリートを養成する大学が出てきていることが新聞記事になっていました。いまは誰もがオリンピックの後にはパラリンピックが開催されることを知っています。一九六〇年代、私が小学生の頃、少なくともテレビでパラリンピックの報道はなかったと記憶しています。

では最近なぜ注目されるのでしょうか。やはり日本人選手の活躍が最大の原因でしょう。でもマスコミの報道などを見て、私は、最近このスポーツへの注目の質が変わってきているのではと思っています。

一枚のスキー板に乗り、急な斜面を猛スピードで滑走するスキー選手。上半身の筋力をフルに使い、疾走する車いすマラソン。見事に車いすを操りながら、相手が返せないところへボールを打つ車いすテニスの選手。車いすごと激しくぶつかりボールを奪いあう格闘技のような車いすバスケット、等々。テレビなどを通して、障害者がスポーツする姿が流されるようになり、彼らが熱中している姿や本気度、競技そしてスポーツとしての洗練度に私たちは、改めて驚き、感動しているのではないでしょうか。

なぜ驚き、感動するのでしょうか。

多様な障害があるにもかかわらず、それを克服し、自らの肉体や精神を磨きあげ、スポーツのルールを遵守し、そのなかでより高みへと向かう障害ある人々の規律ある姿にひとしての美しさを感じ取り、私たちは感動しているのでしょう。こうした感動が、通常のスポーツアスリートの姿への感動とまったく同じ情緒に由来しているのか、そうでないのかを検討することは、障害者の問題を考えるうえで、とても重要だと思います。ただ、ここでは、ちょっと別の視角から障害者スポーツのことを考えてみることにします。

先ほど注目の質が変わってきているように思えると言いました。それはマスコミの報道などを見ていて、障害者スポーツに対する固定した見方が崩れつつあるという感覚と言ってもいいかもしれません。

たとえば、車いすバスケットの試合を見ていて、私はこう思います。確かに足や下半身に障害がある選手が車いすを見事に操ってバスケットボールの試合をしている。しかし、この競技は障害ある人々だけが参加することができるスポーツなのだろうかと。下半身に障害のない人でも、何らかの形で下半身を固定し、車いすに乗ることができれば、車いすバスケットという競技をすることができるだろうと。

またブラインドサッカーの試合を見ていて、私は同じことを思うのです。この競技は視覚障害の人だけに開かれたスポーツなのだろうかと。障害のない人の目を見えない状態にして、ブラインドサッカーができるのではないだろうかと。

そしてこうした思いの先にある問いが、以下のようなものです。

はたして障害者スポーツは障害のある人のためだけのスポーツなのだろうか。身体のどの部位に障害があるか、またその程度などで区分けして行われる水泳などの競技は、やはり障害ある人のための競技だと言えるでしょう。しかし私たちがひとくくりにする障害者スポーツは、障害ある人だけのためにという意味で一様ではなく、競技方法の工夫などに由来する違いや個性がさまざまにあります。それゆえ、車いすバスケットは、主に障害ある人々が行う競技であるとしても、障害者バスケットではなく、「車いす」バスケットと私たちは呼んでいますし、ブラインドサッカーも、視覚障害者サッカーではなく、ブラインド、つまり目が見えない状態で行うサッカーと、私たちは呼んでいるのです。

こうした見方は、障害者スポーツをめぐり私たちが持っている「あたりまえ」の知を確実に揺るがすのではないでしょうか。たとえば私がブラインドサッカーをやるとして、目隠しし、視覚障害がある選手と対等に競技ができるでしょうか。できないでしょう。上手な選手の足手まといになるのがオチです。視覚が遮られたなかで、周囲の声や音を聞きわけ、状況を瞬時に判断し、次のプレーに移れる能力において、私は視覚障害のある選手からはるかに劣っているからです。

私が上手になるためには、ブラインドであることに慣れ、ブラインドであるからこそさらに研ぎ澄ませるべき力に気づき、それを鍛えていかなければならないでしょう。つまり、ブラインドサッカーという競技や競技の現実において、「見えること」をめぐる常識や価値はすべて、いったん無効になります。そして、私は「見えない」なかでどのようにプレーができるのかを考えざるを得ないし、「見えないこと」をめぐる常識や価値と向きあわざるを得なくなるのです。

ルールが守られ、厳格な規律が遵守される競技空間で、普段私たちが「あたりまえ」だと思いこんでいる支配的な常識や価値が見事に転倒されるのです。そしてこうした転倒が起こることこそ、障害者スポーツがもつもう一つの面白さであり、感動を生みだすもとではないでしょうか。

もちろん、私がブラインドサッカーをして、少しばかり上手になったからと言って、視覚障害のある人々の気持ちやより深いところにある思いなどを完璧に了解できるなどとは思わないでしょう。でも障害をめぐるさまざまな決めつけや思いこみが息づいている支配的な常識や価値を「あたりまえ」だと思いこんでいた私の日常に、確実に亀裂が入るだろうし、私はそのことで障害という「ちがい」それ自体とよりまっすぐに向きあえるようになるでしょう。そして、「ちがい」が私の日常にとって、どのような意味や意義をもつかを考えていくための想像力もより豊かになっていくだろうと思うのです。

▽「ちがい」のある他者とどう出会えるのだろうか

さて私たちは「ちがい」のある他者とどう出会えるのでしょうか。私は以前、障害者を嫌がり、嫌い、恐れるということの背後になにがあるのかについて考え書いたことがあります（好井裕明「障害者を嫌がり、嫌い、恐れるということ」石川准（じゅん）・倉本智明（ともあき）編著『障害学の主張』明石書店、二〇〇二年、八九―一一七ページ）。これを書きながら、そこでまとめたかつての個人的体験を思い出していました。詳細は、私の論文を読んでいただければと思いますが、それは私のドッキリ体験であり、障害という「ちがい」になぜ私たちが普段から、まっすぐに向き合えないのかを考えることができる体験だったのです。

温泉につかって〝無〟になること。これは私の趣味というか、生きがいというか、これをしなくては私が枯れてしまうというとても大切な営みなのです。ちょっとぬるめの湯につかって完全に湯と一体化し〝無〟になるまでの時間、意識や思考はまだしっかりしているのですが、そのうちに身体は広い湯ぶねにくまなくとろけだし、ちょうど私の「頭」だけが湯にただよっている、そんな状態。このとき、私はえもいえない快感にひたります。そしておもしろいことに、この〝頭ただよい状態〟のとき、私の思考は研ぎ澄まされ、いろいろな発想がわいてきたり、ある問題への考えが一挙に進んだりするのです。

いつものようにスーパー銭湯にでかけ〝無〟になろうと湯ぶねにつかり、とろけようと全身の緊張感をといて、ふと目をあけたところ、湯ぶねのふちに五、六歳くらいの少年が立っていたのです。〝あぁ、かわいい子やなぁ〟とまた目を閉じようとした瞬間、私の視線はその子に釘(くぎ)づけになっていました。彼の両腕は極端に短く、彼はその小さい手で顔をかきながら、そこに立っていました。私は、さまざまな構えをはずし無防備になり、いわば丸裸で〝無〟になろうとしていたのですが、瞬間、少年がすっと私のなかに入り込んできた、そんな感じがしました。不意をつかれ、ドキッとしたのです。つまり、私はいわばまったく無防備な状態で、両腕が極端に短い障害ある少年と出会ったのです。

私はなぜこんなにもドキッとしたのだろうかと考えながら、〝無〟にならずに、周囲を観察していました。みんな自然にふるまっていましたが、それは明らかに〝つくられた、ぎこちない〟自然さでした。裏を返せばとても〝不自然で、どこか緊張した戸惑い〟とでもいえる空気がそこに満ちていて、ただ少年のみが、そしていっしょに来ていた若いおとうさんがごく自然に風呂を楽しんでいたのです。

考えるべきは、この〝不自然で、どこか緊張した戸惑い〟であり、私のなかに生じたドッキリなのです。それは障害ある人を露骨に排除する行為でもないし、障害ある人を嫌ったりする情緒でもありません。丸裸で無防備な私が、障害ある人を目の前にして、自分のふるまい方がわからずドギマギしている状態といえるかもしれません。また障害ある人と自分との距離をどのように〝適切に〟とっていいのかわからない、そんな戸惑いかもしれません。

そんな細かいこと言ってどうするの。普段よくある場面だろうし、深く考えないで無視しておけばいいではないか。そんな声が聞こえてきそうです。でも「無視する」こともまた、なかなか難しいのです。

「無視する」とは、ただ相手を見ないということではありません。それは、私が相手を見つめていないこと、関心がないことを相手や周囲にたいして、具体的なふるまいで〝適切に〟示さなければならない営みなのです。そして私の体験や銭湯での〝空気〟は、まさに障害という「ちがい」と〝適切〟に出会い、「ちがい」ある他者と〝適切〟にやりとりできている自然な日常ではなかったということなのです。

少しめんどくさく言ってみましょう。他者を理解するということは、心の次元の問題ではありません。シュッツやエスノメソドロジーの考え方からすれば、それは、他者とどのように日常的な関係をつくりあげることができるのか、そうした関係がどのように実践的で処方箋的な知識を用いてできあがっているのかを考える問題なのです。またそれは、私と他者が日常的な関係のなかでどのように相互的な信頼をつくりあげることができるのか、また距離を保つことができるのかなどを考える私と他者の相互行為の次元にある問題なのです。

私たちは、普段他者と出会う時、その人を瞬時のうちに理解し、どのようにふるまえばいいかを判断しています。そうした判断の背後には他者を理解するために必要な幅広く深い知識の在庫があり、この在庫から、その時その時に〝適切〟だと思う知識を引き出して、他者と向き合っているのです。

とすれば、「ちがい」ある他者とどのように向き合えばいいのでしょうか。まず言えることは、「ちがい」をめぐる知識の在庫をできるだけ豊かにすることでしょう。薄っぺらな知だけでは、〝適切に〟向きあうことができないでしょう。従って障害という「ちがい」に由来する豊かさに触れることはできないだろうし、その豊かさを感じ取る想像力さえも私の中に、育ってくることがないからです。

また言えることは、すでにある在庫の知識を常に疑ってかかることの大切さです。たとえばブラインドサッカーに実際に参加すれば、視覚障害という「ちがい」をめぐる私たちの知識在庫は確実に質量ともに豊かになるはずです。その結果、「ちがい」のある他者との出会い方や向きあい方も幅広く豊かに洗練されたものになるでしょう。

私たちの日常的な知識は、常に支配的な価値や支配的なものの見方の影響下にあるものです。そしてたいていの場合、支配的な価値やものの見方に従って暮らした方が楽であり効率がいいとは思います。ただ、「ちがい」のある他者と出会おうとするとき、こうした楽さや効率は、いったんカッコに入れておいた方がいいでしょう。むしろ支配的な価値が障害という「ちがい」がもつさまざまな新たな意味や創造の可能性を私が感じ取るうえで、まさに〝邪魔な障害〟となるからです。

そして、一番大事かなと思うのは、「ちがい」がある他者との出会いで、生じるであろう新たな世界への入り口を見失わないように、私自身が他者を理解するためのセンス、いわば他者への想像力を常に磨いておくことであり、想像力を豊かにしていく楽しさを味わうことだと思います。

「ちがい」がある他者を差別し排除すること。それは、他者への想像力が劣化した結果生じるのであり、それは他者に深い傷や苦しみを与えるでしょう。でも同時に、それは私自身をも深く傷つけ、ひととしての厚みや豊かさを確実に私から奪っていくのです。

私が豊かに生きることができるかどうか。それはまさに私が、「ちがい」がある他者とどう出会おうとするのかにかかっているのです。

第6章　環境を考えるということ

社会学では、もう何年も前から「環境社会学」という分野があり、さまざまな調査研究が蓄積されています。本書で私が語っているようにさまざまな「ちがい」をもった存在としての他者との関係を考えていく営みは社会学にとって基本です。でも同時に人間をも含めた他の存在との関係を考えること、つまり私たちが普段暮らしている日常を支えている環境を考えることもまた、社会学という知的実践にとって基本中の基本なのです。

▽環境を守るという「常識」

うまいビールが飲みたくなった時、私はビール工場見学に出かけます。製造工程を見学した後、最高の状態で冷えているビールを試飲できるからです。これまで何度も銘柄の違う工場で見学をしてきていますが、どの工場でも最高にうまいビールと同様に共通した主張が見られました。

一つは廃棄物ゼロという主張です。ビールを製造する過程で生じた廃棄すべきモノは、すべて有効に再利用され、何一つ無駄になっていません。今一つは自然環境の保全という主張です。ビールには素晴らしい天然水が必須であり、そうした資源を守るために、自分の工場では自然環境を積極的に保全し、新たに創造もしているという取り組みを主張しています。

廃棄物ゼロ、自然環境の保全や新たな創造。つまり「環境保全への積極的な貢献」という主張が、どの工場でも共通しているのです。

もちろん現代において、「環境への配慮」を語らない企業はないでしょう。なんらかの形で「環境」の保護や保全に貢献していると語ることは、いわば営利を追求する企業にとって私たちに企業価値を認めさせるための最低限の「常識」となっていると言えるのです。

しかし、一九五六年（昭和三一年）生まれで、ちょうど日本が高度経済成長期にあった時代に子どもであった私にとっては、「環境への配慮」という「常識」が営利企業に浸透していること自体、驚くべきことなのです。なぜなら当時、このような「常識」はまず存在していなかったからなのです。

高度経済成長期、とにかく日本は一人前の国家となるために、猛進していました。急速な近代化、産業化が進む一方で、環境を配慮する〝余裕〟などなかったのです。一九七〇年に開催された日本万国博覧会のテーマは「人類の進歩と調和」でしたが、まさにこの言葉が象徴しているように、当時は科学技術の進歩が一点の曇りもなくすばらしいことだと評価され、私たちは、急速に便利になっていく日常を驚き楽しんでいたのです。ただ「調和」はあくまで人類同士の目標であり、私たち人間が地球環境と「調和」するという理解ではありませんでした。「環境」や「自然」が人間の利便性にとっての壁であるとすれば、それを克服することが最大の価値とされていたと言えるでしょう。

利便性という豊かさを手に入れるために環境への配慮が欠落した科学技術を信奉し続けた結果、みなさんもよくご存じのように、私たちは、自然環境だけでなく自らの身体へもさまざまな負荷を与え、傷つけてきました。

講義でよく話すことがあります。私が子どもの頃、夏の暑い日、学校から帰ると、粉末のジュースの素を冷水で溶かして飲み、のどの渇きをいやしていました。その粉末はまさにオレンジ色をしたオレンジジュースの素であり、真っ赤な色をしたイチゴジュース、まっ黄色をしたレモンジュースの素なのです。いまであれば、害のない生物由来の着色料などが使われて、さまざまな食品には適切に色がつけられていると思います。しかし当時は当然のことながら、安価な食品に天然果汁など入っているはずもなく、今では使用が禁止されている合成甘味料や合成着色料がふんだんに使われていました。だから飲んだ後の私の舌は見事に真っ赤に、そしてまっ黄色になっていました。おそらく私の身体には、当時、こうした化学的に合成された食品添加物が縦横に駆け巡っていたと思います。だからこそ、私たちの世代は、子ども時代からの添加物まみれの身体を自然食などでいったん〝浄化〟したいという強い願いが消えることなく今もあるだろうと思っています。

こうした話をし出したら、きりがありません。私たちの世代は、未成熟で成長過程にあった科学技術の恩恵を受けるとともに被害もまた受けてきているのです。

かつて「地球に優しい」というフレーズが流行ったことがありました。よくテレビのコマーシャルなどで定番として語られていました。これも環境への配慮を象徴するコピーなのですが、二〇一一年三月一一日に東京電力福島第一原子力発電所の深刻な事故を経験し〝原子力安全神話〟も見事に雲散霧消してしまっている現在、このコピーはほとんど意味を失っているといえるでしょう。なぜなら、私たちがただ「優しい」だけでは原発事故は防げないことがよく分かったからです。では、どうすればいいのでしょうか。「優しい」だけではだめだとして、どうすればいいのでしょうか。そんなことを考えながら、語っていきたいと思います。

▽「公害」：近代化の裏側で私たちを苦しめた事実として

アジア・太平洋戦争に負けた後、日本はアメリカの占領下に置かれ、民主化されていきました。その間も急速に戦後復興が進められるのですが、一九五二年に日本は独立国家として認められ、さらに経済的に豊かな国家へと飛躍的に産業化、工業化が推し進められていきます。つまり日本は近代化へ猛進していくことになるのです。

ただ、近代化を推進する国家政策の過程で、さまざまな「公害」が起こったのです。

みなさんは、「公害」という言葉は知っているでしょうか。「公害」という言葉にリアリティを感じるでしょうか。

「公害」は、私にとって、思いっきりリアルであり、日常頻繁に出会った言葉でした。一九五〇年代から七〇年代にかけて、確かに日本は経済成長を遂げたのですが、裏を返せば、この時期は「公害の時代」でもあったのです。

本書を書いている今（二〇一六年九月）、『シン・ゴジラ』（庵野秀明監督）が公開され大ヒットしています。私も息子と娘と三人で映画館へ直行しました。子どもたちはとても楽しんでいたようでしたが、怪獣映画オタクの私にとってこの新しいゴジラ映画はいろいろと複雑な思いを抱かせました。『シン・ゴジラ』の評価は評論家におまかせするとして、「公害の時代」を象徴するゴジラ作品をここで思いだしてしまいました。『ゴジラ対ヘドラ』（坂野義光監督、一九七一年）です。東宝が毎年夏にやっていた「チャンピオンまつり」という子ども向けのプログラムで公開されました。

鳥や魚がいなくなったことを嘆き、水銀、コバルト、鉛、硫酸、ストロンチウムなど化学物質を列挙し、「汚れちまった」海や空の結果、生き物がみんな死滅してしまう。

地球上に誰もいなくなったらどうするのか。緑や青い空、青い海を返せ、と。

まさに有害物質の無制限な廃棄のために自然が破壊されてしまうことへの危機感や怒りを歌った主題歌から始まるこの作品は当時、社会問題化していた「公害」をテーマとしたゴジラ映画の中でも異彩をはなつ作品なのです。

静岡県田子の浦湾に堆積したヘドロから生まれた怪獣ヘドラ。煙突が吐き出す大気汚染の源のスモッグを吸収し巨大化し、空を飛び、硫酸の霧を撒きちらすのです。

今見ても、なかなかシュールでおもしろい映画です

当時、都会では自動車の排気ガスや工場からのばい煙が深刻な大気汚染を引き起こし、工場廃液や生活排水が処理されずに川や海に流され、水質汚染が問題となっていました。映画の舞台となった田子の浦もちょうどその頃、製紙業などの工場排水を原因とした激しいヘドロ公害で有名でした。

ここ数年昼間なのに太陽の光を遮る霧がかかったような状態になっている中国北京の大気汚染がニュースで流されていますが、当時、日本でも同じ日常があったのです。

映画はゴジラがヘドラを倒して悠々と去って行くシーンで終わります。一九七〇年代はすでに高度経済成長は陰りをみせていたのですが、お子さまを喜ばせる娯楽作品に正面から「公害」「地球汚染」をとりあげたことは異色だったでしょう。ただ裏を返せば、幼い子どもでもわかるほど、当時「公害」が問題であることが日常の隅々にいたるまで了解されていたのです。新幹線で富士のあたりを通り過ぎる時、田子の浦湾が目に入ります。あぁここでヘドラが生まれたのだなと私は今でも思いだします。

しかし現実にはゴジラはいません。私たちは「公害の時代」を生き、多大な犠牲を払いながら、公害防止の技術開発を進め、限りある自然の意味を考え直し、少しずつですが環境に配慮する「常識」や地球上での生命体の一つとしての人間の意味を見出してきているのです。

▽水俣病問題と新幹線公害

私たちは過去の出来事を確実に忘れていきます。人間は知識を覚える存在であるとともに忘れる存在なのです。忘却もまた人間の営みに欠かせない重要な要素です。しかし決して忘れてはいけない歴史的事実はあると、私は思っています。

たとえば象徴的な公害として、水俣病(みなまたびょう)問題があります。

ずいぶん前になりますが二〇〇六年にある県立高校で社会学の模擬講義をしたことがありました。なぜこの年のことを覚えているのでしょうか。

水俣病が発生した当時、国はなかなか認めようとしませんでした。一九五六年に国としてようやく正式に公害病として認定し、二〇〇六年は、五〇年目にあたる年だったのです。そこで水俣病について生徒に尋ねたところ、返って来たのは「四大公害事件の一つです」という言葉だけでした。事件や問題の内容はほとんど知りませんでした。彼らは大学入試センター試験に出る知識の一つとして「水俣病」を記憶していたのです。

日本の国策に従い高度経済成長を支え推進する要の一つを担った化学製品を生産していたチッソという企業。チッソは有機水銀が含まれた工場廃液を無処理のまま水俣湾に流し続けていました。やがてその水銀が魚などにたまり、魚を食べた水俣の人々に奇病が発生します。多くの人々が原因もわからないまま、重い病いに苦しむのです。病気の原因を探ると、有機水銀であり、工場廃液であることがわかります。しかしチッソや国側に立つ研究者は当初、病気と工場廃液との因果関係を認めようとしませんでした。そこで被害者たちは原因の徹底究明と公害病患者の認定や被害補償を求め訴訟を起こし、大きな社会運動が起こっていったのです。

目の前の美しい海で採れる新鮮な魚を食べる喜び。しかしその魚には、命を奪い人生を狂わせる有毒物質が含まれていました。漁民には何の責任もないのです。これほど加害と被害の構図が明確な問題はないと思うのですが、そこに企業の利益や国家の思惑が絡み合い、水俣病の当事者や周囲の多くの人々の人生を翻弄していきます。

この問題に関しては、本当に多くの著作や映像があります。たとえば石牟礼道子『苦界浄土』（藤原書店、二〇一六年）、栗原彬編『証言　水俣病』（岩波新書、二〇〇〇年）などはぜひ読んでほしいのです。また土本典昭が撮り続けた『水俣　患者さんとその世界』（シグロ、一九七一年）など一連のドキュメンタリーも必見です。

もう一つ象徴的な公害訴訟事件を語っておきたいと思います。私がいまも大学で環境問題など現代社会論を講義する時、必ず紹介するものです。船橋晴俊・長谷川公一・畠中宗一・勝田晴美『新幹線公害――高速文明の社会問題』（有斐閣選書、一九八五年）という本があります。書名にあるように新幹線が起こした公害訴訟事件です。

新幹線は今では特に驚くこともない交通機関となっていますが、東京―新大阪間で開通した一九六〇年代半ばでは、時代の先端を走る高速文明の象徴でした。私は小学生の頃、開通して一番列車のひかりが到着するのを新大阪駅まで見に行った楽しい記憶があります。

『水俣　患者さんとその世界』不条理な公害に苦しみ翻弄された人々、闘う人々の姿の貴重な記録

当時は現在のように騒音防止策など講じられないまま新幹線は走っていたのです。線路は人口密集地を貫いており、線路の周辺に住む人々は、早朝の始発から最終列車まで五分間隔で上り下りの車両走行が起こす絶えまない騒音と振動に苦しめられていました。そのような状況を背景に一九七四年、名古屋で新幹線公害訴訟が始まりました。新幹線のような公共性が高い巨大資本をめぐる

社会問題や社会運動、訴訟についてどのような組織が関わり、問題が論じられていったのでしょうか。詳しくは先にあげた調査研究書を読んでほしいと思います。

ここでは、環境社会学の研究者たちが考えだした受苦圏と受益圏という興味深い考え方について述べておきたいと思います。

受益圏とは、ある公共的な社会資本が作られた結果、さまざまな形で「益」を得る人々の集合であり、「益」を得る地域のことをさします。他方、受苦圏とは、社会資本ができた結果、それまで想像もできなかった「苦」を受けてしまう人々や地域のことをさすのです。

新幹線公害では、線路沿線の狭い地域に暮らす住民が集中して「苦」を受け、新幹線を利用する不特定多数の人々や駅ができて利用者が増加した結果、活性化した駅周辺の街などが「益」を受けます。もちろん沿線住民も新幹線を利用する可能性はあるのですが、問題は、受益と受苦の圧倒的な不均衡、アンバランスなのです。

新幹線のルートを変更すれば、問題は解決するかもしれません。しかしそれは容易なことではありません。また大量輸送機関としての公共性など社会的意義を考えれば、より現実的な妥協策が必要となるでしょう。そこで訴訟では受益圏から受苦圏へいかにして「益」を還流させることで「苦」を相殺させていくかが考えられたのです。

もちろん、こうした策は根本的な問題解決ではないかもしれません。しかし、人々が今後似たような問題に直面した時、どのようにおりあっていけるのかを模索できる実践的な智恵(ちえ)と言えるでしょう。

他にも多様な公害問題を日本は経験してきています。その結果、ある巨大社会資本を建設する場合、どのような影響が出るかを事前に評価する作業は当然のことになっていますし、章の冒頭に述べたように「環境」への配慮は、まず第一に考えるべき規範となってきているのです。

▽生活者の立場から考える

さて公害問題を考える他にも、環境と人間との関係を調べ、考え直すアプローチがあります。端的に言えば、それは「生活環境主義」という見方であり、生活者の立場から環境を考えるというものです。

少し考えてみればわかるのですが、私たちは普段の暮らしのなかでは「環境」という幅広く深遠な、しかしどこか生硬な印象をうける、よそよそしい概念と常に出会っているわけではありません。

たとえば水について考えてみましょう。私は大阪市内にあった平屋の市営住宅で育ったのですが、小学生の頃の昭和三〇年代は、近くを流れる川で遊んでいました。草が茂った土手にはさまざまな虫がいたし、川には魚もいましたが、泳げるほどに水はきれいではありませんでした。ただ父親の話だと、もっと昔は水がきれいで泳いで遊んでいたということでした。大阪市内で泳ぐことができる川があったとは驚きでした。いま、その川は護岸工事が完璧になされ、コンクリートブロックの堤防が続いています。さまざまな虫をとって遊んだ雑草の土手は消えてしまっているのです。

私は、この川のことを「水環境」などと当時考えたことはなかったと思います。泳げないけれど、危険な箇所には近寄らないように常に注意しながら、でもできるだけ面白く刺激的になるよう、どう遊べるのかを友だちと一緒になって考えていたはずです。つまり私たちは、どのようにすれば上手に川で遊べ、川とつきあっていけるのかをめぐりさまざまに「智恵」を働かせていました。

汚染が徐々に進んでいる川。その川とどのようにうまく関係を続けていけるのか。私たちにとって、「智恵」は、ただ楽しく遊ぶためのものにしか過ぎないのですが、それは確かに「水環境」の変化（悪化）に響きあう歴史的な営みとも言えます。

生活環境主義的な見方から考えれば、環境は、私たちの日常の暮らしから切り離されて存在するものではありません。それは生活の場面で常に具体的にたち現われる現象とでもいえるでしょう。具体的な現象としてたち現われるさまざまな問題に対して、私たちが、生活する現場でどのような論理をうみだし、どのような思いで対処しようとしてきたのでしょうか。いわば生活者の論理や思いとでもいえるものが、日常の暮らしという歴史のなかで、重要な智恵としてどのように生きられてきたのかを丁寧に聞き取り、調べるとき、生活の現場に根ざし、現場から立ちあがってくる環境問題と人間との関連が見えてくるのです。

鳥越皓之・嘉田由紀子編『水と人の環境史——琵琶湖報告書』（御茶の水書房、一九八四年）という優れた本があります。今は絶版状態なので、図書館で探すほかはないのですが、生活環境主義とは何かを考えるうえで、必読です。

琵琶湖治水の歴史、漁民がどのように水という環境を活用していたのか、浜が開発されるとしてどのように村が中心になって進めたのか、水道が敷設される歴史や川や井戸、湖の水利用の詳細、生活排水のありようなど、滋賀県にある琵琶湖で生活する人々がどのように水という環境と向きあい、その質を維持し、生活に必須な水とつきあってきたのかが、丁寧に調べられ、読み解かれているのです。

1991 年刊行の増補版。環境社会学を考える基本書の一つです

本書を読めば、実感できるのですが、そこで暮らす人々の生活に根ざした、水の使い方があり、水をめぐる「智恵」があります。治水、生活用水、生活排水など水と人とのつきあいかたは多様なのですが、そこには人々が暮らす日常に根ざし、歴史的に維持されていた「智恵」としての独自の論理や推論があるのです。

▽歴史的環境や「むら」の論理や思いを探る

またこの見方で考えれば、水などの物質的な環境だけでなく、その土地に息づいている民族芸能や伝承される文化などの歴史的環境をどう捉えるのかもまた、「環境」を考える重要なテーマとなります。つまり、歴史的環境の維持や伝承もまた、私たちにとって重要な環境への配慮と言えるのです。

たとえば社会学者の足立重和は、郡上八幡に伝わる盆踊りについて、人々の論理や思いを丁寧に捉えようと試みています（足立重和『郡上八幡 伝統を生きる――地域社会の語りとリアリティ』（新曜社、二〇一〇年））。

この盆踊りは、とても有名な伝統芸能であり、毎年多くの観光客が郡上八幡を訪れ、地域にとって重要な観光資源となっています。足立は、地元に住みこみ、普段から人々と言葉をかわし、酒を飲み、つきあいを深めながら、人々と踊りとの繋がりに迫っていきます。自らも踊れるようになり、踊り自体の歴史を調べていくなかで、二つの踊りがあることを発見します。いわば観光客も交えて踊れる観光化した踊りと地元の人だけで踊る昔踊りの二つです。興味深いのは、足立が、踊りが二つあることを語っても、地元の人はそれを認めず、踊りは一つだと主張していることです。具体的な踊りの形が観光化を通して変化しているとしても、人々の意識や論理、思いのなかでは、歴史をもった一つの踊りという理解が維持されているのです。このようにして地元に暮らす人々は、時代の変遷をうまく乗り越えながら、自分たちが大切だと考える歴史的環境を守り伝承しているのです。

またもう一つ、面白い本を紹介しておきましょう。植田今日子『存続の岐路に立つむら――ダム・災害・限界集落の先に』（昭和堂、二〇一六年）です。

植田の関心は「むら」です。それは日本社会における伝統的な集住形態でもないし、都市と比較対照される過疎の空間でもないし限界集落という概念で捉え切れる現実でもありません。いわば定義不可能な何かであり、「むら」に住む人々は、それぞれの固有の歴史のなかで、まさに自分たちにとって必須な、生きられた時間や空間として、「むら」を生きていると言えます。

「なぜ人間が同じ場所に世代を超えて住み続けたり家を維持したりするのか、そして人生をしのぐ長さの時間を積み重ねて、後世にその経験を伝えることで、むらという社会空間は何を可能にしているのか」

植田は、こうした根本的な問題関心のもとで、現場で息づいている人々の生活実感や智恵と出会おうと考え、さまざまな原因のせいで「存続の岐路」に立つことになった「むら」そしてその「むら」で生きる人々の生活に分け入っていくのです。

ダム計画が起こり、水没予定地として翻弄された山村に位置する「むら」。一九六六年に計画が発表され、二〇〇九年にダム建設の中止が発表されるのですが、法的には計画自体の終止符は打たれていません。この間、多くの離村者を出すなかで「むら」は大きな変貌をきたすことになります。「むら」に残り続ける人々は、当初は計画をめぐり、それぞれ異なる立場で対立しましたが、いつしか「早期着工」という立場に収斂（しゅうれん）していくのです。同じダム計画下におかれた別の「むら」では、早々に「ダム容認」をし代替地へ集団移転してしまいます。それは「むら」を存続させるための賭けでもありました。人々は、これまで生きてきた「むら」の秩序や空間がもつ具体的な意味などがすべて壊された代替地でゼロから始めて生きざるを得ない選択をしました。しかし彼らは、自分たちがそこでともに生きていく証として炭焼きを始めます。炭焼きは、いわば自分たちがそこにおいても「むら」を生きていることを互いに確認する重要な営みなのです。植田は、この炭焼きという実践に、したたかに生きている人々の智恵を見出します。

大規模な地震（中越地震）で壊滅的な被害をうけ、存続の危機に陥った「むら」もあります。中越地震で被災した旧山古志村には伝統行事「角突き」がありました。人々は避難生活の真っ最中に牛を救出し、経済的な負担をかえりみず「角突き」を行いました。なぜ人々は牛を救出し、「角突き」を行ったのでしょうか。そこに「むら」の維持と不可分に結びついた人々の実感が息づいていることを植田は明らかにします。

震災や津波という集中的な打撃ではなく、長い時間をかけて過疎という「むら」の消滅の可能性に瀕しているところもあります。植田は熊本県球磨郡にある集落をとりあげています。そこでは過疎のために受け継がれてきた伝統芸能である「太鼓踊り」も近い将来踊り手が絶えてしまいます。近隣から「太鼓踊り」を継承する申し出が起こるのですが、人々は、踊りをいつどこでどのように踊るのかなど、「外」の人々では簡単にはクリアできない条件を出し、その申し出を拒否してしまいます。なぜ彼らは「外」の人々にとって理解しがたい条件を出し、伝統芸能を継承したいという「外」からの意志を受け入れようとしなかったのでしょうか。植田は、彼らが出した継承条件がもつ深い意味を読み解き、「むら」がもつ固有の歴史的な時間と空間に埋め込まれているからこそ「太鼓踊り」が地元の人々にとって意味をもつ営みであることを明らかにするのです。

長い歴史をへて蓄積されてきた「むら」の「時間」。空間が消滅しても「むら」はこの「時間」をなんとか継承しようとします。こうした「時間」の継承は、「むら」そして人々の歴史的な共同性を考えるうえで、どのような意味をもつのでしょうか。現代社会からさまざまな形で伝統が消えていく今、人々の論理や思いが息づいている「智恵」や地域に固有の歴史的な「時間」「空間」の意味を問い直す営みもまた、私たちが「環境」を考えるうえで重要な課題と言えるのです。

▽原発事故以降の「いま」を考える

さて、今、環境を考えようとするとき、どうしても回避できない問題があります。それは原子力利用という問題なのです。私が子どもの頃は、毎月のようにアメリカや旧ソ連が大気内核実験を繰り返していました。実験で放出された核物質が気流にのって、地球全体に拡散されていたことは確かでしょう。新聞には放射能雨などの言葉が使われ、日常生活への影響が報道されていました。つまり原水爆などの核兵器への恐怖やその問題性を考えることは当時しっかりと日常に息づいていたのだと思います。ただ他方、原子力発電など「平和利用」については、科学技術の進歩とともに、暮らしの利便性を革命的に進化させる夢のエネルギーとして紹介されていました。

核兵器の非人道性はわかります。それなのになぜ原子力の「平和利用」は問題なく承認され評価されるべきことなのでしょうか。高度経済成長期から現在まで、なぜ原子力というエネルギーの問題性に正面から向き合うことなく〝原子力安全神話〟〝原子力への信奉〟が維持されてきたのでしょうか。社会学においても、この問いに対して最近成果が出ており、関心のあるみなさんは、ぜひ読んでほしいと思います。山本昭宏(あきひろ)『核エネルギー言説の戦後史1945―1960「被爆の記憶」と「原子力の夢」』(人文書院、二〇一二年)、『核と日本人――ヒロシマ・ゴジラ・フクシマ』(中公新書、二〇一五年)、吉見俊哉(しゅんや)『夢の原子力――Atoms for Dream』(ちくま新書、二〇一二年)、田口ランディ『ヒロシマ、ナガサキ、フクシマ——原子力を受け入れた日本』（ちくまプリマー新書、二〇一一年）などが、お勧めです。

いずれにせよ、深刻な原発事故を経験した今、私たちは「原子力というエネルギーが私たちの未来に何をもたらすのか」という問いと向き合わざるを得ないのです。日本政府は、〝安全神話〟が崩れ去ったにもかかわらず、原子力を中心としたエネルギー政策を根本から見直そうとはせず、新たに平成版とでも言える〝安全神話〟を構築しようと懸命になっているように私には思えるのです。

東日本大震災、原発事故からすでに六年がすぎています。原発事故は収束したと何年も前に政府は宣言しているのですが、未だに事故を起こした原子炉にある使用済み核燃料はすべて取り出されていないし、冷却に使い汚染された膨大な量の水も安全に処理されないまま、保管され続けています。さらに言えば、原子炉の底に溶け落ちている核燃料の現状すら正確に分からないのであり、それを安全に取り出す方法も確定していないし、仮に取り出すことができたとしても、それを処理する方法すら見出されていません。

事故が収束したという宣言は、事実を述べているのではなく、きわめて〝政治的な〟

ものだと言わざるを得ないでしょう。

考えてみれば、絶対に事故は起こらないという強固で不思議な信奉のもとで進められた原子力利用なのですが、仮に安全に核燃料を使用でき、安全に原子力発電所を操業できたとしても、使用済みの核物質を最終処分する確実で安全な技術や方法を事前にそして未だに作りあげられないままで、今なお原子力を使い続けていること自体、驚くべきことではないでしょうか。

ここまで書いて、あるドキュメンタリーを思い出しました。鎌仲ひとみ『ミツバチの羽音と地球の回転』（紀伊國屋書店、二〇一〇年）という優れた作品があります。内容を少し紹介してみます。

一九八二年に山口県上関町に原発建設計画が持ち上がります。予定地の対岸四キロのところにある祝島。そこでは昔から自然とともに人々が命をつないできた暮らしがあります。以来三〇年をこえて、この島の人々は原発建設反対運動を続けてきました。毎週一回島の人々が集まり、原発建設反対の声をあげ、島の通りをデモして歩き、犬までもが原発反対のハチマキをして続きます。

どのように彼らは自然の循環のなかで得られる豊かな恵みを享受し生きてきたのでしょうか。どのような奥深くしっかりとした共同体の繋がりが生きているのでしょうか。ドキュメンタリーは彼らの生きる姿を淡々と追っていきます。海へ出て、釣り糸をたらし、指の感覚だけで見事な鯛(たい)を釣り上げる男性。浜辺で、ひじきを摘み取り、煮て乾燥させ島の特産品としてネットで売る若い男性。対岸に原発ができ大量の温排水が流されれば、確実に海の生態系が変わってしまい、海からの恵みも失われてしまうでしょう。

この作品では、祝島の日常だけでなく持続可能な社会をどのように実現していけるのかをさらに考えスウェーデンの現実が紹介されています。脱原発を国家で決めたスウェーデン。ある都市では風力発電やその他の再生可能な自然エネルギーを用いた発電で人々の暮らしを支えています。街には派手なネオンサインはないし自動販売機もみありません。彼らが豊かな暮らしと語る中身について、私たちは立ち止まって考えざるを得ないでしょう。

スウェーデンでは電力は自由化され自分の意志で電力会社を選べます。環境問題を本気で考えた自然エネルギーによる電力会社への人気が高いのです。「日本では電力は自

自然と調和した暮らしを守ろうとする人々の思いやエネルギーが印象的です

由に選べないの？」と驚く彼らの姿が印象的です。原発事故を経験してもなお国策として原子力発電を維持拡大し続けようとする日本とのあまりの落差にあらためて驚きます。

また青森県の六ケ所村や東日本大震災で深刻な事故を起こした東京電力福島第一原子力発電所が象徴的なのですが、東京など大都会の電力を周縁地域の原発でまかなうというあまりにもアンバランスな構図がまだあります。なぜこうした施設がもつ危険性や問題をすべて周縁地域が担わなければならないのでしょうか。これは明らかにそこに暮らす人々や地域への差別と言えるでしょう。この構図を崩していくための模索もドキュメンタリーで紹介されています。

原発事故から時間が過ぎていくほどに鈍くなっていく私たちの日常感覚をふたたび研ぎ澄ますためにも、こうしたドキュメンタリーもまた必見だと思うのです。

いと思います。

▽環境を考えることの基本とは

この章を終えるにあたり、環境を考えることの基本とは何かを確認しておきたいと思います。

まず言えることは、「未来を生きる人間や他の存在への責任」です。確かに過去の歴史的なさまざまな要因がもとで、環境をめぐり被害を受け、苦しみを受けている人々がいます。そうした人々に対して生命や生活を保障するという現在の課題に向き合うことが、環境を考える基本なのです。

ただ、すでに環境倫理を考える研究者たちが述べてきているように、現在を生きている私たちが、次の世代、未来の世代のために、環境を破壊したり変質させることなく、より適切な生活世界をどのように維持していけるのかを考え、そのための営みを模索していくこともまた、私たちが現在を生きていることに含まれる責任であり、同じくらい重要なのです。

今一つの基本は、「脱人間中心という思想」であり「人間が一番えらく大事だという信奉をカッコにいれること」なのです。これもすでに明らかなように地球が創造されていく長い時間を尺度にすれば、人間という存在は他の動植物に比べ、圧倒的に小さく、地球の歴史の中で最後に登場した存在なのです。

私たちが地球に存在する多様で多数の生命体の一つにすぎないということを改めて自覚し、人間が地球を独占し支配したいという意志を抑制し、他の生命体と共存共栄できるように、それこそSFアニメなどで言われている「青く美しい故郷」としての地球を維持するために何をしたらいいのかを考えることが基本なのです。

最終処理の技術や方法すら確立していない原子力を生活の利便性や国益という目的のためだけにエネルギーとして使用しつづける人間や国家の姿。それは、原発事故が象徴する環境への深刻な打撃を省みるにつけ、環境を考える基本のすべてから逃避し逸脱している姿であることが私たちの腑に落ちるのではないでしょうか。

ちょうど今これを書いている時（二〇一六年九月）、政府が高速増殖炉もんじゅを廃炉にする調整の最終段階に入ったと新聞で報じられています。核燃料サイクルというまさに〝夢〟の技術の進歩を求める研究は必要かもしれません。しかし同時に環境を考える基本は、絶対にはずしてはならないし、私たちが守るべきルールなのです。

第7章　「政治的であること」とは何だろうか

本章では政治的であることについてお話しします。でもなぜ政治なのでしょうか。それは政治家の世界のことであって、私たちには直接関係ないし、政治学者が考えることではないかと思われるかもしれません。しかし社会学が世の中を研究しようとするとき、政治はとても重要なできごとです。第1章で述べた社会学の巨人たちの理論や思想を一言でいえば「人間がいかに社会的な存在であるのか」を読み解いた成果と言えるでしょう。そしてこの「社会的存在」という言葉のなかに「政治的存在」という意味も含まれています。

たとえば私たちは、日々、他者とさまざまに衝突し、争い、生きています。ジンメルはこうした他者の関係性をめぐり「闘争の社会学」を論じています。さらに私たちは、争いを終えるために話し合い、調停し、和解するのです。これは裁判所で行われている現実だけを言っているのではありません。まさに私たちが日常を生きる姿なのです。以下では、いかに私たちは日常、政治的存在であるべきなのかを考えながら話してみたいと思います。

▽一八歳からの政治参加

本書を読んでいるみなさんは、もう初めての投票をすまされているでしょうか。二〇一六年、私たち国民にとって政治参加をめぐり大きな変化が起こりました。国政や地方政治の選挙、裁判官の国民審査で、一八歳から投票できるようになりました。

かつて「清き一票」という言葉がありました。いまも使っている政治家がいるかもしれませんが、選挙演説の時、「あなたの清き一票を」と連呼し、自分への投票を呼び掛けていたのです。はたして私たちの一票が「清い」かどうかは別として、選挙権のある国民一人一人が投じる一票は、鉛筆で人の名や政党名が書かれた単なる一枚の紙切れではなく、どのような政治や暮らしが望ましいか、自分たちの日常生活がどうなってほしいかなどの思いや願いがこめられた重要な、重い「一票」であることは確かです。

だからこそ、選挙権の年齢を一八歳に引き下げることを決めたとき、高校生や大学生という若い人々、これまで政治という世界にはあまり縁がないだろうと思われていた人々に対して、政治的な関心をいかに高めようとするのかという大きな課題が生じました。いわば政治に参加する権利と義務を当事者たちに、いかにわかりやすく説明し、自分たちも他の大人たちと同じように「政治的な存在」であることをなんとか〝腑に落として〟もらうための、さまざまな模索が教育現場で行われています。

これまでに、政治的な関心を高めるための高校など学校での取り組みを紹介するニュースが頻繁に流されています。その多くは、模擬選挙を体験させるものです。実際にはない架空の政党をつくったり、学校の中で教員が候補者役となり、学校を良くするためには何が必要かなどを訴え、そのための政策を演説し、生徒たちは彼らの考えを評価し、投票するのです。模擬投票には、多様なパターンがあるようですが、共通しているのは、実際の投票行動を追体験してもらい、選挙で自分の一票を入れることの意味やその仕方を体感してもらうことでしょう。

しかし、こうした模擬投票体験は、はたして若い人たちに政治的なできごとを実感してもらい、彼らが「政治的な存在」であることに目覚め、日常生活に政治的なものの見方を組み込んで暮らしていくためにどれほど意味がある営みなのでしょうか。私は、素朴に疑問を感じています。

もちろん、選挙で自らの意見を反映させるための重要な基本は、棄権しないということだと思います。確かに実際にこれまで私自身も何度も選挙で投票をしてきましたが、どの候補者にも魅力を感じないし、どの政党の主張にも共鳴や共感ができず、いわば「投票すべき政治家も政党もない」状況があったことも事実です。そうした場合、もっとも明快な意思表示は棄権するか、投票用紙に何も書かず「白票」を投じることでしょう。

生徒たちに政治参加の意味を教えようとする興味深い取り組みをしている高校を伝える新聞記事を読んだことがあります。そこでは棄権することが実際にどのように政治に影響を与えるのかをわかりやすく先生が説明していました。候補者の誰に投票したいのか、またどの政党の名前を書きたいのかは、簡単には判断できないかもしれません。だからめんどうくさくなり、棄権してしまうかもしれません。また棄権すること自体に、いま行われようとしている選挙では、自分の意思や考えが反映できないという不満や批判を込めようとしているのかもしれません。

しかし現行の選挙制度では「棄権」はあくまで政治への意思表示ではなく、政治参加への「放棄」として処理されます。結果として、自分が望んでいない政治家が当選したり、望んでいない政党が勢力を拡大したりするのです。つまり「棄権」は実質的には「不満や批判」ではなく「放棄」にしかならないのです。とすれば、自らが「政治的存在」であることを自覚し、政治に参加する権利や義務を行使しようと思えば、それを放棄しないで、できるかぎり自分の意思や考えが反映されるような政治的な勢力を選び、一票を投じるしかないのです。

模擬投票を体験させようとする多くの取り組みと比べ、「棄権」の問題性を丁寧に説明するものは、より生徒たちに、自分たちの日常と政治的なるものが密接に関連していることを実感させるのではないでしょうか。その意味で、私はとてもユニークな実践だと考えています。

さて冒頭でお話ししたように、私たちが日常生きていくうえで、回避できない重要な営みとして「政治」を考えてみたいと思います。日常、私たちが「政治的である」とは、どのようなことをいうのでしょうか。

▽「政治的中立性」という暴力

「政治的である」ことについて考える前に、私なりに批判しておきたい、今、世の中に息づいている暴力があります。まずそれについて話しておきたいと思います。

高校生や中学生に「政治的なるもの」を学校で教えるうえで、常に問題となっていた言葉に「政治的中立性」があります。新聞報道などでも、頻繁にこの言葉が使われ、学校で教員が教える場合、いかに「政治的中立性」を守ることができるのか、などと論じられてきています。

確かに学校で国民の一人として政治に参加する義務と権利を教えるとき、「政治的中立性」という言葉は、一つの理念、教員が常に気にするべき基本的な価値として重要です。

しかし私はこの言葉が実際に使用される仕方やその背後に息づいている暴力性こそが問題だと考えています。

現実を考えれば、常に「中立性」を遵守した政治教育、さらに言えば「中立性」を遵守した教育実践というものは、本当にあるのでしょうか。言い方を換えれば、そうした「中立」的教育は、あるべきなのでしょうか。こうした思いが私にわいてきます。

確かに選挙時の政見放送や選挙公示後のテレビ報道などの各政党への放送時間配分などは一つの政党や個人に偏ることがないように配慮されています。しかしこれは機会の均等であり平等であって「政治的中立性」という言葉に含まれるものとは違います。

そもそも、政治的に「中立」とは、いったいどのようなことを言うのでしょうか。それぞれの政党が主張する異なる政策から等しく〝距離〟を保ち、教員個人がもつ政策への評価などは一切封じて語ることなく、それぞれの政策を均等にかつ等しく価値をもつものとして、生徒に提供することでしょうか。もしそうであるとすれば、政治をめぐる教育は、独自の個性をもった人間としての教員がしなくてもいいと私は思います。教員個人が説明などせずに、わかりやすい「選挙入門」のような映像教材を文部科学省の〝お墨付き〟で制作し、一斉に日本中の学校で流せば、政党からも〝等距離〟で「中立性」は保たれるでしょう。

教員は「中立」的な情報をそのまま生徒に伝えるマシーンでもないし、ただの空疎な容器でもありません。それぞれが政治的な信念や意見をもち、人間や社会がどうあるべきかという理念や具体的な行動のための指針などを持っている人間なのです。もちろん「教員」という仕事を進めるうえでの守るべき倫理や規範はあるし、そうした倫理や規範を守りながら、人間として姿をさらし、生徒と向きあうなかで、教育という実践が成り立っているのです。

高校生の頃、私はクラス担任であった歴史の先生が好きでした。彼は教科書に沿って歴史を教えるだけでなく、常に現代史について、詳しいプリントをつくり、熱っぽく語ってくれたのです。もちろん、現代史の授業は大学入試でより多く点をとるために、直接役に立つことはありません。でも先生は、いまこの時期になぜ私たちに現代史を教えるのか、現代史をめぐる知識を知っていてほしいのかを自分自身の言葉で説明してくれていたのです。今であれば、文部科学省の意向にそわない、などとして問題となっているかもしれません。でも当時、私たちは、彼の現代史の授業が好きだったし、授業で、自然体で自らの意見を述べる姿を信頼していたのです。

しばらく前に政府自民党のホームページで「政治的中立性」を逸脱する教育事例を募集していたことが問題になったことがありました。この問題に対する各新聞の論調は当然異なっていましたが、問題になり結果としてこの募集はホームページから削除されたのです。募集した側の理屈では、さまざまな事例を集め、検討することをとおして、よりよい政治教育のあり方を模索するといったような内容だったと記憶しています。しかし、これは明らかにおかしな理屈だと思います。もしよりよき形を模索したいのであれば、「問題事例」「逸脱事例」ではなく、「優れた事例」を集めるべきではないでしょうか。

やはりこうした動きの背後には、教員が自由に政治を教える裁量や余地を制限して、自分たちが理想とする「よりよき中立的教育」をさせるという目的がはっきりと見えるのです。「問題だ」とされる政治教育実践を世の中に示すことは、教育現場にじんわりと圧力をかけ、教育現場を委縮させ、結果として教員たちを監視し統制する暴力として機能してしまうのではないでしょうか。

そしてこうした暴力は、どういうわけか、政府自民党のような今の政治体制を維持し、そのまま維持していきたいという支配する側にいる政治勢力がさかんに「政治的中立性」を語ることを通して、私たちへやんわりと行使されてくるように感じます。とすれば、まさにこうした力の行使は「政治的に中立であれ」という主張ではなく、「今の政治体制をさまざまに批判する勢力や理念や思想を過剰に価値づけたり、新たな意味や意義を与えようとする教員個人の思いや姿勢」を抑制する営みに他ならないということでしょう。

ただ、他方で明らかなことがあります。

一つは、先生のあり方についてです。自分の信念や意見をきちんと語らない先生は、生徒にとって、曖昧な存在であり、信頼に足る存在とはなり得ないと思います。特に教科としての知識を伝えるのではなく、まさに人間存在にとって重要な部分である「政治的なること」への覚醒を促す教育では、なおさら、人間として教員が生徒に向きあい、本気で語りかけることが必須ではないでしょうか。

今一つは、生徒という存在をめぐる評価についてです。「政治的中立性」の背後には、自分で判断できない未成熟な存在としての生徒という考えが見え隠れしているのです。

だからこそ、特定の価値観に染まることがないよう、ごく「普通で健全な」国民になれるよう、安全で「中立的」な情報を提供する必要があるということのようです。しかし、こうした考えは、生徒という存在を誤解し軽視し、馬鹿にしていると思います。彼らは、教員が提供する多様な知識や情報について、きちんと自分で判断できる〝余裕〟と力を持った存在なのです。

一九六八年の京都を舞台にした青春映画の傑作『パッチギ！』（井筒和幸監督、二〇〇四年）という作品があります。すでに安定した評価を得ている優れた娯楽映画です。そこに朝鮮高校との親善サッカーを求める府立高校の日本人教員が登場します。彼はクラスで生徒に向けて毛沢東の名を大きく板書し『毛沢東語録』を片手にかかげ、革命論を熱っぽく語るのです。今であれば思いっきり問題な教師でしょう。しかしクラスの生徒たちは、あぁまた言ってるとばかり、教員の言葉尻をとらえては、彼をからかい、笑い、適当にいなしているのです。もちろんこの革命思想にかぶれた教員は過剰に戯画化された映画の中でのフィクションなのですが、社会を変えたいという雰囲気が暮らしのなかに満ちていた当時の状況を考えれば、私は「あぁこんな先生もいたな」と妙に納得してしまうのです。

その頃は社会や人間について自分が正しいと考える価値や規範、思想を当時、教員たちはそれこそ自由に語っていたはずです。それが、時代が変遷し、教員に対して様々な拘束が加わり、国家にとって都合のいい知識しか伝達できないような「息苦しさ」が教育現場に充満しているとしたら、生徒たちも、その「息苦しさ」に影響をうけ、「自由に」自らの政治性に覚醒したり、それを豊かに育てていくことは難しいのではないでしょうか。映画の中で、革命かぶれの先生を愛すべき存在として、からかい、いなしていた生徒たちの姿から感じ取れる〝余裕〟に私は魅(ひ)かれます。そしてこうした〝余裕〟や力は、いまの若い存在も持っています。だからこそ多様な価値や社会のありようを伝えようとする動きを牽制(けんせい)し、硬直した価値しか伝えようとしない「政治的中立性」は、若い存在がもっている〝余裕〟や力と決して響きあうことがないし、結果として、それらを抑え込む力といえるのです。

▽個人的なことは政治的である：他者の「リアル」を想像する

さてちょっと問いのたて方を変えてみたいと思います。いまの教育現場では、やはり一八歳に選挙権が引き下げられ、いかに若い人々が戸惑うことなく選挙で投票行動をとることができるかが、中心のテーマであるようです。でも適切な投票行動を促す前に、考えるべきことがあるのではないでしょうか。私たち自身が「政治的存在」であるとして、いったい、私たちにとって「政治的であること」とは、どういうことをいうのか。まずはそのあたりを考えなくてはならないと思うのです。

「個人的なことは、政治的である」というあまりにも有名なスローガンがあります。たとえば、被っている様々な差別や抑圧に対して、自分たちの意識を覚醒し変革するとともに、社会を変えていこうとする黒人解放運動、女性解放運動、障害者解放運動、性的少数者の解放運動がこのスローガンのもとでこれまで展開されてきています。社会における彼らの立場はそれぞれ異なっているのですが、自らを運動の主体として位置づけていくとき、このスローガンは基本といえるでしょう。

なぜ個人的なことが政治的なのでしょうか。見方を少し変えてみます。被差別の状況にある人々にとって、差別は具体的にどこで起きるのでしょうか。確かに差別や抑圧の原因は、社会全体の構造や国家体制、また人々が一般的に持ってしまっている意識やある知識への信奉など、個人の私的な世界を超えたところで息づいているのかもしれません。しかし現実に差別が起こり、抑圧を感じ、どうしようもない〝生きづらさ〟を感じるのは、その人にとって具体的で、個人的であり私的な空間においてなのです。

俺は外で働いているのだから、家事や子育て、教育、親の面倒など家のことはすべてお前の責任だと、家に帰れば、何もしない夫がいるとします。妻はそれが自分の役割とばかりに〝家のこと〟を懸命にこなしていくとしても、さまざまな問題が生じ、妻一人では対応も解決もできないことが多いのです。そのとき「俺は関係ない、お前が悪いのだ」と夫が妻を非難し責め立てるのは、食卓であったり居間であったり寝室であったり、まさに私的で個人的な空間においてであり、夫婦という極めて親密で個人的な関係性のなかにおいてなのです。

でもうみなさんもおわかりのように、家族や家庭の問題は、妻である女性一人ですべて解決できるようなものではないのです。それを俺はお前の夫だから、私はあなたの妻だからと個人的で親密な関係性の世界に閉じこもり考え続けようとする限り、〝生きづらさ〞はそこで増殖し悪化していくのです。

そうではなく、もし彼らが問題に直面し、それをどう解決していけばいいかを考えるうえで、夫婦関係や家族関係、親の介護そのものを見直し、たとえば「男はソト、女はウチ」という伝統的で因習的な性別役割を信奉していた自分の姿に気づくとすれば、どうでしょうか。まさに問題そのものの原因が、自分たちの日常、個人的で私的な関係性にあったことがわかり、それを徐々にでも変革していこうとするかもしれません。そのとき、彼らはすでに目の前にいるあなたと私という私的で親密な関係での了解を超えて、相手を理解しようとしているのです。

「自分を愛してくれているけれども子どもや親、私のことをわかってくれていないあなた」という了解から「〝男は外で働き、家族を養って一人前の男なんだ、だからとにかく働け〞という因習的な男性役割に過剰に囚(とら)われた、その意味で男性の〝生きづらさ〞を抱え込んでしまっている世の中の多くの男性の一人として、かわいそうなあなた」という了解へと変わっているのです。

つまり私たちは、私的で親密な関係性という「囚われ」に気づき、それをいったんカッコに入れることで初めて、個人的な世界に息づいているさまざまな「政治性」に批判的なまなざしを向けることができるようになるのです。

では、どのようにすれば親密性の「囚われ」に気づけるのでしょうか。エスノメソドロジーが主張していた「人々の方法」を読み解き、「あたりまえ」を疑うという社会学的な姿勢や想像力が重要な方向づけとなります。

まず私たちの関心やアンテナを自分が生きている日常や親密な関係の人々の世界だけに閉じ込めることなく、世界を超えて広げることが必須となります。

考えてみればすぐわかるように、私たちが普段生きているとき、具体的に出会う人々よりも出会わない人の数の方が圧倒的に多いのです。とすれば出会わない人々と自分が「今、ここ」で生きているとはどういうことなのかなどを考え、「見たことのない、会ったことのない他者」が同じ時間を生きていることへの想像力を鍛え他者理解のセンスを磨くことは、けっこう面白い営みではないでしょうか。

言い換えれば、それは自分の日常の「外」で生きている人々の「リアル」への関心の喚起であり豊かな想像力を養うことなのです。そして、自分が普段出会わない人々の「リアル」への関心と想像力を磨きながら、彼らと自分がどのように生きていけばいいかを考え始めることこそ、「個人的なこと」に息づいている「政治性」と私が向き合えるようになる瞬間なのです。

そのうえで、普段よく出会っている人たちと生きている日常がいったいどのような世界なのかを、私たちは、今一度ふりかえって考え直してみる営みが必要でしょう。たとえば先にあげた夫婦のケースで言えば、妻が夫を〝かわいそうな男性〟として見えてくるのがこの瞬間なのかもしれません。

一度も会うことがないであろう見知らぬ多くの他者の「リアル」への関心や想像力を高め、磨きながら、そうした「他者への想像力」「他者を理解しようとするまなざし」でもって、自分が普段生きているという実感が抱ける日常を見直していく。そのような試みを繰り返すことで、私たちは自分にとって、重要で意味がある「政治的なこと」とは何かを、少しずつ実感していくのだと思います。

つまり、私が言いたいのは、自分の「リアル」と「見知らぬあなた」の「リアル」を常に行ったり来たりして、「他者が生きていることへの想像力」を磨き、高めていく営みのなかにこそ、「政治的であること」への気づきが満ちているということなのです。

▽他者の「幸せ」への関心を閉ざさない：「政治的である」ために

ところで、こうした他者が生きている「リアル」への関心や想像力を磨き高めるのは何のためでしょうか。これからも何度も行われる選挙で棄権しないで投票するためでしょうか。もちろんそのことも含まれると思います。しかし、もっと重要な目的があると私は思っています。

端的に言えば、その目的とは、私たち自身が親密な人々との関係のなかで幸せに生きていけることであり、同時に私たちが知らない多くの他者と共に幸せに生きていけることなのです。

でもこの目的を考えようとすれば、さまざまに問いが湧いてくるのです。

私が幸せに生きていけることと見知らぬ他者が幸せに生きていけることが同時に可能なのでしょうか。また「幸せ」と簡単に言うけれど、いったい「幸せ」とは何なのかを、もっと具体的に考えなければならないのでしょう。

私自身の「幸せ」と他者の「幸せ」が一致するでしょうか。一致しないならば、どちらを優先すべきなのでしょうか。それともどちらを優先するのかなど考えずに、多くの多様な「幸せ」を比較検討し、その共通した部分を考えていったほうがいいのでしょうか。さらにいろいろな疑問が湧いてくるにちがいありません。

仮に見知らぬ他者の「幸せ」をなんとか実現したいと思っても、私個人では、どんなにがんばってみても、できるはずのないことがいっぱいあると思います。そのとき、私は、到底無理だからとあきらめて自分自身の「幸せ」だけを考えればいいのでしょうか。

いやそうではなく、私個人の行動だけではできなくても、世の中にある他の方法をいろいろと考え、他者が生きている世界と繋(つな)がることで、見知らぬ他者の「幸せ」を実現するための手がかりや道筋を見つけ出すことができるのではないでしょうか。

「政治的であること」。それは私という人間が常に他者を理解したいと思い、他者への想像力をより豊かにして、他者の「幸せ」への関心や興味を閉ざさないことなのです。

本書を書いている今、ちょうどアメリカでは次の大統領を選ぶ手続きが進んでいます。

選挙の結果、次期大統領に選ばれた人物は、アメリカが世界で最強だと訴え強いアメリカを取り戻そうとしています。別に最強だと信じ、最強になりたければどうぞと私は思いますが、最強になるための仕方が、どうしようもなく問題です。彼はアメリカの大衆にまずは自分たちの「幸せ」だけを考えろと声高に叫び、異質な他者を排除しようとします。たとえば隣国からの不法な移民流入を防ぐために、隣国との国境に巨大な壁を築き、その費用を隣国に払わせると言うのです。

他者を排除し、自分たちだけの「幸せ」を求めることこそが民主主義だという人物の主張がアメリカで多くの共鳴を得ていること自体、驚きですが、私は、彼が主張する壁の建設こそ、私たちが「政治的であろう」とすることを端的に邪魔する、まさに「壁」だと思うのです。ただ、こうした間違いも含めて認めあい、さまざまな違いをもった私たち人間がなんとか一緒に暮らしていける日常を作ることこそが民主主義だと考えれば、「壁」を作って、閉じこもれという驚くべき主張を認めることもまた、民主主義という思想が持つ〝懐の深さ〟なのかもしれません。

繰り返しになりますが、他者を理解したいという意志こそ、「政治的であること」の核心に息づいているのです。

自分が生きている日常や親しい人だけの世界を考えるだけでは不十分でしょう。常にこの世界には自分が一度も会うことがない多くの他者がたくさん生きており、そうした人々と自分がどこかで繋がっていると考えます。そして自分は「いま、ここ」で見知らぬ他者とともに生きているということを実感し、他者への想像力を磨き、高めるのです。そのような営みのなかでこそ、日常に息づいている「政治的であること」に私たちが出会えるチャンスが豊かに創造されていくのではないでしょうか。

他者の「幸せ」と自分の「幸せ」を常に比較し、それぞれの実現をめざして、自分が生きている日常やそれを超えて広がっている多様な世界にアンテナをはりめぐらしていくことこそ、私の「日常」にある「政治」にエネルギーを与え、活き活きとした「政治」と私が出会えるチャンスや可能性を豊かにしていくのです。

▽現代史をまず知ろう

さて本章を終わるにあたって、少し視点を変えたところから、私が抱く想い(おも)いを述べておきたいと思います。

他者を理解したいという私たちの気持ちがあるとして、それはどのようにすれば少しずつでも前に進んでいけるのでしょうか。「歴史を理解すること」が、そのための重要な方途だと私は思っています。

たとえば、ヘイトスピーチという営みを、世の中が批判しその行為を非難するにもかかわらず、未だに行っている人々がいます。それは、人間としての在日コリアンの存在を否定し、追放や抹殺を叫ぶ露骨な差別行為であり、在日の人々が生きてきた歴史を捻じ曲げ、自らに都合がいいように恣意的に解釈しなおす粗野な暴力でもあるのです。

多くの人々は、ヘイトスピーチが今の日本にとって必要な意味ある営みだなどと思わないでしょう。ひどい差別だと驚き呆れているはずです。ただ私はこう思います。ヘイトスピーチを差別行為だと捉えるのはそのとおりなのですが、単にそれだけでなく、こうした行為がいかに「政治的でないのか」を自らの〝腑に落とす〟ためにも、たとえば在日コリアンがこれまで日本で生きてきた歴史を私たちがきちんと知り、日本がこれまで作り上げてきている制度のなかで、いかに差別や抑圧をうけてきたのか、また一般的な私たちの意識や気持ち、心情の次元においても、〝わけへだて〟を受けてきたのかを知り、考える必要があるのです。

一口に在日と言っても、一人一人の生き方や人生は当然異なるし、多様です。それを強引にひとくくりにして、このような存在だと思いこみ、決めつける営みは、まさに「他者を理解したい」という意志から対極のはてにあるのです。

ただ残念なことには、在日コリアンの歴史は、教科書などにはきちんと載せられていないのです。

政治に参加できる年齢を一八歳に引き下げ、日本という国家が本当に高校生や大学生に「政治的存在」であることを気づかせたいと考えるのであれば、私は、戦後から現在までのさまざまな問題をめぐる歴史をきちんと教え、日本という国家がこれまで誰に対して何をしてきたのか、そこにどのような問題があり、それらは現代社会に対してもどのような影響を与えているのかなどをわかりやすく呈示する〝余裕〟や力を持つべきではないかと思うのです。

あとがき――「批判する力」の大切さ

最後まで読んでいただき、ありがとうございました。いかがでしたか。

「今、ここ」から始まり、他者を考える学、他者を理解することの面白さと難しさを考える学としての社会学。私が興味深いと考えるトピックをもとにして、こうした社会学の基本について語ってきました。もちろん、社会学という学問は、私たちの生活や人生、地域や社会、歴史などを考えるうえで、もっともっと豊かな内容を持っています。本書を読み、社会学って面白そうだなと思われたあなた、たとえば他のいろいろな出版社の新書でも優れた社会学のタイトルがいくつもあります。さらに手にとって読んでほしいと思います。

さて、最後に社会学的なものの見方、社会学的想像力の核心にある主張を確認しておきます。それは本書でも私がさまざまに語った内容に通底しています。それは「批判する力」とでもいえるものです。自分自身の姿から始まって、私たちが共に生きて在る世界まで、多様な現実と出会い、それを理解し、自分の姿との関連でその意味を捉えようとするとき、必須となる力なのです。

最近気になっていることがあります。二〇二〇年から段階的に実施される新しい学習指導要領に基づいて、高校の公民科目で「現代社会」が廃止され「公共」(仮称)が新設され必修となることです。「公共」は、第7章で述べた一八歳からの選挙権と関連しています。実践的な授業を通して、政治参加や社会参加の主体としての意味を高校生に理解させ、国家や社会のメンバーとして必要な知識や他者と協働して多様な課題を解決するために必要な力を身につけてもらうという内容が構想されています。今後「公共」という科目に対応する教科書が作成される過程で、どのような中身なのかが、より鮮明になってくると思いますが、私は、その中身とともに、「公共」という授業で、実際に何がどのように教えられるのかがとても気になっています。

確かに若者に政治参加や社会参加を促すことは大切です。しかしもっと大切なことがあります。それは高校生に政治や社会に参加する意識に目覚めてもらうとして、「どのような主体になってほしいのか」、その中身の検討なのです。

仮に政権を担当する政党やそうした政治を支持するさまざまな支配的な勢力が妥当だと考える国家や社会像を無条件に承認し、そしてその国家や社会を維持していくうえで必須な価値観や規範、道徳や倫理を従順に守っていくことこそが「主体的」だとして、「公共」の中身が作り上げられていくとすれば、それはとても危うい「主体」の構築ではないでしょうか。国家や社会にとって都合のいい知識だけを教え、都合のいい道徳や倫理だけを価値あるものとして教えるとしたら、それらを必修として学ぶ高校生たちは、本当の意味で他者と共に生きることができる「主体」となれるのでしょうか。「公共」を必修として学んだ彼らは、さまざまな「ちがい」をもつ他者がお互いをもう一人のメンバーとして認め、自由に交信し、関係を構築することができるのでしょうか。

少し考えすぎかもしれません。でも戦後七〇年が過ぎ、実際に太平洋戦争を体験した世代から直接語りを聞くことがますます困難になっている現在、日本がアジアに対して犯した、さまざまな負の歴史をめぐる説明や記述を、社会の教科書から消し去っていく動きが毎年、教科書検定の時期に報道され、アジアの隣人たちから批判を浴びてきていることも事実なのです。

政治や社会に参加する「主体」をつくりあげるうえで、必要な力や知識はさまざまに考えられるでしょう。しかし、そのなかで欠けてはいけない力があります。それは、これまで犯した過ちも含め、自らがもつ負の側面をしっかりと見据え、それを今後生きていくうえでどのようにプラスに転化できるのかを考え、新たな何かを作り出す力です。私は、これを「批判する力」と考えています。

私たちが、国家や社会のメンバーであると主張する時、まさに「公共」的存在としての自分の姿を想像し、創造する必要があるでしょう。その時、私たちが活き活きと国家や社会という場で生きていくためにも「批判する力」そしてこの力を十分に発揮できるために必要な現代社会や現代の歴史をめぐる正確で誠実な知識が必要なのです。「公共」という科目から現代社会や歴史をまっすぐに捉えるための知識が消え去り、私たちが持っている「批判する力」を萎えさせてしまうようになることを私は危惧しています。「公共」には、社会学的な想像力、「批判する力」が必須なのです。

さて、本書はどのような人に読んでほしいでしょうか。一人でも多くの高校生や大学一年生、短期大学生に手にとってほしいです。高校生や中学生を教える先生方にもぜひ読んでほしいと思っています。もちろん、学生さんや教員だけでなく、政治的で社会的な「主体」になろうとする子どもを育てているお父さんやお母さんにも読んでほしいです。

そして、本書を読み、社会学的な思考や営みがおもしろそうと思われたあなた、ぜひ私が書いた他の新書も読んでほしいと思います。『「あたりまえ」を疑う社会学——質的調査のセンス』(光文社新書、二〇〇六年)があります。これは今もなお、多くの学生さんなどに読み継がれ、版を重ねてきています。本書でも述べました「あたりまえ」を疑うという姿勢や見方こそが、社会学の質的調査研究に必須であることを興味深い調査事例を読み解くことから平易に語りました。また、『違和感から始まる社会学——日常性のフィールドワークへの招待』(光文社新書、二〇一四年)もお勧めです。これは、本書でも紹介しましたA・シュッツの日常生活世界論やH・ガーフィンケルのエスノメソドロジーの理論や方法をより詳細に説明し、日常性という豊饒(ほうじょう)なフィールドをいかに探究できるのかを説明しています。

また言葉としてはっきりと明示していないのですが、本書で私は日常的に存在する差別や排除の現象をとりあげ、論じてきました。差別や排除という問題、日常的にさまざまに起こり得る差別や排除という現象に興味や関心が湧いてきたあなた、ぜひ以下にあげる新書も読んでほしいと思います。『差別原論――〈わたし〉のなかの権力とつきあう』（平凡社新書、二〇〇七年）、『差別の現在――ヘイトスピーチのある日常から考える』（平凡社新書、二〇一五年）。これらには、人が誰でも「差別する可能性」を持っており、その可能性と私たちがどのように日常向きあうことができるのかを平易に語っています。「差別をしてはいけない」。でも私たちは、知らず知らずのうちに「差別してしまう」のです。差別はいけないと思うけど、それは自分の暮らしでは起こらない「対岸の火事」。こうした差別をめぐる一般的な見方の囚われから解き放たれる時、私たちは、より豊かな日常を生きることができるのです。

本書は、昨年（二〇一五年）秋に届いた一通の丁寧な手書きの手紙から始まりました。吉澤麻衣子さんという優れた編集者からのお誘いがなければ、本書は実現しなかったでしょう。そして、私が言いたいことが少しでもわかりやすく、みなさんに届いているとすれば、それはひとえに吉澤さんのおかげです。言いたいことが伝わっていない一人よがりの主張や文体、言葉づかいなど、一つ一つ丁寧にかつ厳しく指摘し、修正していただいたこと、感謝します。ありがとうございました。

本書を読まれ、一人でも多くの若い人たちが、社会学に興味関心を抱いてくれることを願いつつ、あとがきを終えることにします。

二〇一六年一一月

好井　裕明

ちくまプリマー新書

074
ほんとはこわい「やさしさ社会」
森真一
「やさしさ」「楽しさ」が善いとされ、人間関係のルールである現代社会。それがもたらす「しんどさ」「こわさ」をなくし、もっと気楽に生きるための智恵を探る。

222
友だちは永遠じゃない
――社会学でつながりを考える
森真一
親子や友人、学校や会社など固定的な関係も「一時的協力理論」というフィルターを通すと、違った姿が見えてくる。そんな社会像やそこに見いだせる可能性を考える。

079
友だち幻想
――人と人の〈つながり〉を考える
菅野仁
「みんな仲良く」という理念、「私を丸ごと受け入れてくれる人がきっといる」という幻想の中に真の親しさは得られない。人間関係を根本から見直す、実用的社会学の本。

122
社会学にできること
西研
菅野仁
社会学とはどういう学問なのか。社会を客観的にとらえるだけなのか。古典社会学から現代の理論までを論じ、自分と社会をつなげるための知的見取り図を提示する。

134
教育幻想
――クールティーチャー宣言
菅野仁
学校は「立派な人」ではなく「社会に適応できる人」を育てる場。理想も現実もこと教育となると極端に考えがち。問題を「分けて」考え、「よりマシな」道筋を探る。

ちくまプリマー新書

136 高校生からのゲーム理論　松井彰彦
ゲーム理論とは人と人とのつながりに根ざした学問である——環境問題、いじめ、三国志など多様なテーマからその本質に迫る、ゲーム理論的に考えるための入門書。

169 「しがらみ」を科学する——高校生からの社会心理学入門　山岸俊男
社会とは、私たちの心が作り出す「しがらみ」だ。「空気」を生む社会そのものの構造を解き明かし、自由に生きる道を考える。KYなんてこわくない！

192 ソーシャルワーカーという仕事　宮本節子
ソーシャルワーカーってなにをしているの？　70年代から第一線で活躍してきたパイオニアが、自らの経験を迫力いっぱいで語り「人を助ける仕事」の醍醐味を伝授。

196 「働く」ために必要なこと——就労不安定にならないために　品川裕香
就職してもすぐ辞める。次が見つからない。どうしたらいいかわからない。……安定して仕事をし続けるために必要なことは何か。現場からのアドバイス。

209 路地の教室——部落差別を考える　上原善広
「路地（同和地区、被差別部落）って何？」「差別なんて今もあるの？」「同和教育、同和利権とは？」すべての疑問に答えます。部落問題を考える、はじめの一冊！

ちくまプリマー新書

236
〈自分らしさ〉って何だろう?
——自分と向き合う心理学
榎本博明
青年期に誰しもがぶつかる〈自分らしさ〉の問題。答えを見出しにくい現代において、どうすれば自分らしく生きていけるのか。「自己物語」という視点から考える。

241
レイチェル・カーソンはこう考えた
多田満
環境問題の嚆矢となった『沈黙の春』をはじめとし、今なお卓見に富む多くの著作を残したレイチェル・カーソン。没後50年の今こそ、その言説、思想に向き合おう。

244
ふるさとを元気にする仕事
山崎亮
さびれる商店街、荒廃する里山、失われるつながり。転換期にあるふるさとを元気にするために、できることはなにか。「ふるさとの担い手」に贈る再生のヒント。

254
「奇跡の自然」の守りかた
——三浦半島・小網代の谷から
岸由二
柳瀬博一
笹を刈ったり、水の流れを作ったり、人が手をかけなければ自然は守れない。流域を丸ごと保全した「小網代の谷」の活動を紹介し、自然保護のあり方を考える。

262
レジリエンス入門
——折れない心のつくり方
内田和俊
人生には心が折れやすくなる時期がある。どうすればそれを乗り越え、成長できるのか。心の自然治癒力＝「レジリエンス」を高め、たくましく生きる方法を伝える。

ちくまプリマー新書

256
国家を考えてみよう
橋本治
国家は国民のものなのに、考えるのは難しい。日本の国の歴史をたどりつつ、考えることを難しくしている理由を探る。考え学び続けることの大切さを伝える。

257
学校が教えないほんとうの政治の話
斎藤美奈子
若者の投票率が低いのは「ひいき」がないから。「ひいきの政治チーム」を決めるにはどうしたらいいのか。あなたの「地元」を確かめるところから始める政治入門。

165
ヒロシマ、ナガサキ、フクシマ
——原子力を受け入れた日本
田口ランディ
世界で唯一原爆を落とされた国が、なぜ原発大国になったのか？　歴史を振り返り、圧倒的な想像力で描き出す。これからの「核」を考えるための最初の一冊。

245
だれが幸運をつかむのか
——昔話に描かれた「贈与」の秘密
山泰幸
読者に支持され語りつがれてきた昔話の多くがハッピーに終わる。そこに描かれた幸せの構造を、「贈与」「援助者」というキーワードによって解き明かす。

246
弱虫でいいんだよ
辻信一
「弱い」よりも「強い」方がいいのだろうか？　今の社会の価値基準が絶対ではないことを心に留めて、「弱さ」について考える。

chikuma primer shinsho

ちくまプリマー新書270
「今、ここ」から考える社会学

二〇一七年一月十日　初版第一刷発行
二〇二二年十二月五日　初版第二刷発行

著者　好井裕明（よしい・ひろあき）
装幀　クラフト・エヴィング商會
発行者　喜入冬子
発行所　株式会社筑摩書房
東京都台東区蔵前二‐五‐三　〒一一一‐八七五五
電話番号　〇三‐五六八七‐二六〇一（代表）
印刷・製本　株式会社精興社
ISBN978-4-480-68976-4 C0236　Printed in Japan
©YOSHII HIROAKI 2017
乱丁・落丁本の場合は、送料小社負担でお取り替えいたします。
本書をコピー、スキャニング等の方法により無許諾で複製することは、法令に規定された場合を除いて禁止されています。請負業者等の第三者によるデジタル化は一切認められていませんので、ご注意ください。